Werner Heierle

Ein Gang durch das Kirchenjahr

Werner Heierle

Ein Gang durch das Kirchenjahr

39 Predigten

Fromm Verlag

Impressum / Imprint
Bibliografische Information der Deutschen Nationalbibliothek: Die Deutsche Nationalbibliothek verzeichnet diese Publikation in der Deutschen Nationalbibliografie; detaillierte bibliografische Daten sind im Internet über http://dnb.d-nb.de abrufbar.

Bibliographic information published by the Deutsche Nationalbibliothek: The Deutsche Nationalbibliothek lists this publication in the Deutsche Nationalbibliografie; detailed bibliographic data are available in the Internet at http://dnb.d-nb.de.

Verlag / Publisher:
Fromm Verlag
ist ein Imprint der / is a trademark of
OmniScriptum GmbH & Co. KG
Heinrich-Böcking-Str. 6-8, 66121 Saarbrücken, Deutschland / Germany
Email: info@frommverlag.de

Herstellung: siehe letzte Seite /
Printed at: see last page
ISBN: 978-3-8416-0527-6

1. Adventssonntag A Jes 2,1-5 Mt 24,37-44

Es ist Ihnen sicher auch aufgefallen, dass bei den heutigen Schriftlesungen, bei der Lesung wie beim Evangelium, nicht die Vorbereitung auf Weihnachten im Vordergrund steht, wie wir es gemeinhin vom Advent erwarten, sondern ein Blick in die Zukunft, der weit über Weihnachten hinausgeht, bis zum Ende der Welt, mit unrealistischen, visionären Zielen.

Im Evangelium ist dieser Blick in die Zukunft vor allem mit einer Ermahnung zur Wachsamkeit verknüpft, weil das Ende ganz unerwartet kommen wird.

Ich will nun aber in meiner heutigen Predigt vor allem auf die Lesung schauen und hören. Diese Lesung aus Jesaja finde ich ganz erstaunlich und bemerkenswert.

Es ist nicht klar, wann genau dieser Text verfasst wurde, denn die Redaktionsgeschichte des Jesajabuches ist ungemein kompliziert. Er ist vermutlich in einer Zeit entstanden, da es dem Volk Israel nicht gut ging.

Da schaut der Prophet Jesaja eine Vision: Am Ende der Tage wird es eine Völkerwallfahrt geben, alle Völker werden sich auf den Weg machen und zusammenströmen in Jerusalem und sich zu Gottes Wort und Weisung hinwenden.

Das geht Hand in Hand mit einem uneingeschränkten Frieden unter den Völkern: Es übt niemand mehr für den Krieg. Und mit zwei einprägsamen Bildern ist das ausgeführt: Sie schmieden Pflugscharen aus ihren Schwertern und Winzermesser aus ihren Lanzen.

Vor vielen Jahren hat die Friedensbewegung, besonders in Deutschland, dieses Wort aus Jesaja aufgegriffen und zu ihrem Motto, ihrem Slogan gemacht: Schwerter zu Pflugscharen.

Auch wenn am Anfang nicht stünde: Am *Ende der Tage wird das geschehen*, wäre klar, dass Israel wie auch die Kirche und wir alle auf die volle Verwirklichung dieser Verheissungen noch warten müssen. Es sind Visionen und Träume.

Das Wort ‚Träumer' wird oft als Vorwurf geäussert gegen jemand, der immer nur träumt und dabei die Wirklichkeit übersieht und überhaupt nicht zur Kenntnis nimmt. Dem Träumer wird dann gerne der Realist gegenübergestellt, der in täglicher Anstrengung sich um das Notwendige und das Machbare bemüht.

Eine ausschliessliche Gegenüberstellung des Träumers und des Realisten wird aber der Wirklichkeit nicht gerecht.

Wenn jemand keine Träume hat, keine Visionen vor sich sieht, wird seinem täglichen Handeln die Richtung, die Perspektive und wohl bald auch die Motivation fehlen.

Wenn aber umgekehrt jemand seinen Träumen nachhängt, ohne sich um die harte Wirklichkeit zu kümmern und ohne kleine Schritte zu machen in Richtung auf seine Visionen, wird er nichts erreichen. Wenn wir „Friede, Friede" schreien und singen, aber nichts Konkretes gegen den Unfrieden und den Waffenhandel unternehmen, kommen wir dem Frieden nicht näher und werden gar noch unglaubwürdig.

Ich denke, jede und jeder von uns trägt beides in sich: den Träumer und Visionär wie auch den Realisten und Pragmatiker, wenn auch nicht jeder in der gleichen Mischung.

Weil in der grossartigen Vision des Jesaja der Friede so wichtig ist, Friede aber ein sehr komplexer und manchmal schillernder Begriff ist, will ich dem etwas nachgehen.

Ich sehe einen zweifachen Gegensatz im Friedensbegriff:

a) Friede im biblischen und christlichen Sinn ist ganz umfassend; es ist der Schalom, und dieses hebräische Wort bezeichnet ein völliges Wohlbefinden des Menschen, schliesst das Verhältnis zu Gott ein, die Vergebung der Sünden, also Heil und Erlösung; aber auch das Verhältnis zu den Mitmenschen.

Friede im gesellschaftlich-politischen Raum ist ein engerer Begriff; meint zunächst Nicht-Krieg, die Abwesenheit von Krieg, ein Anhalten des Rüstungswettlaufs, der Aufrüstungsspirale, eine Reduktion der weltweiten Rüstung, nicht-kriegerische Konfliktlösungen usw.

b) Friede wird in der Bibel, auch in der Jesaja-Verheissung, verstanden als Gabe der Endzeit, als Inbegriff der Vollendung der Welt und der Erfüllung aller Verheissungen durch Gott selber.

Auf der anderen Seite ist der Friede etwas, um das wir uns selber Tag für Tag mühen, dem wir nur mühsam Schritt für Schritt näher kommen, ohne ihn je vollkommen verwirklichen zu können.

Ich glaube, es ist wichtig, solche Unterscheidungen zu sehen, aber mindestens so wichtig ist es, diese Friedensbegriffe nicht voneinander zu trennen, wie wenn es völlig verschiedene Auffassungen von Frieden wären. Wenn wir meinen. der Weltfriede sei machbar, wenn wir nur genügend guten Willen haben und genügend finanzielle Mittel einsetzen, so kommen wir nicht ans Ziel. Aber mit einer Novene für den Frieden oder sonst einem Friedensgebet ändert sich auch nicht viel, wenn wir nicht gleichzeitig das tun, was in unserer Macht steht.

Von Charles Péguy gibt es ein Wort zu unseren Träumen, das aber auch zu unseren Friedensbemühungen passt: Wir müssen träumen, aber zugleich aus unserem Schlaf erwachen; mit Zuversicht in die Zukunft blicken und zugleich die Gegenwart leben und bestimmen. Amen.

3. Adventssonntag A Mt 11,2-10

Im Mittelpunkt des heutigen Evangeliums steht Johannes der Täufer. Er ist neben Maria die grosse Adventsgestalt. Er wird mit Recht der Vorläufer des Herrn genannt. Er hat das Kommen des Herrn vorbereitet:

durch seine Predigt der Umkehr: Kehrt um, denn das Reich Gottes ist nahe (Mt 3,2)

durch seinen Verweis auf Jesus: Nach mir kommt einer, der ist grösser als ich (Mt 3,11)
dadurch dass er seine eigenen Jünger auf Jesus aufmerksam machte und Jesus so die ersten Jünger verschaffte (Joh 1,35-42).
Nun ist er im Gefängnis. Herodes hat ihn einkerkern lassen. Er ist unsicher: Ist Jesus der Messias? Was er vom Wirken Jesu hört, stimmt nicht recht überein mit dem Bild, das er vom Messias hatte, dem Bild eines strengen Richters, der die Bösen mit der Axt umhaut und ins Feuer wirft, wie es im Evangelium des letzten Sonntags steht. Nach allem, was wir von Johannes wissen, war er ein ungestümer, ungeduldiger Mensch, ein Eiferer für Gott. Aber nun im Gefängnis bleibt ihm nichts anderes übrig, als zu warten, geduldig zu warten. Und er lässt Jesus fragen: Bist du der, der kommen soll, oder müssen wir auf einen andern warten?
Jesus gibt nur eine indirekte Antwort. Die Boten sollen Johannes berichten, was sich ereignet: Blinde sehen, Lahme gehen, Aussätzige werden rein und Taube hören; Tote werden auferweckt, und den Armen wird das Evangelium verkündet. Jesus verweist damit auf messianische Prophezeiungen des Alten Testamentes, wie sie besonders bei Jesaja überliefert sind.
Über die Reaktion des Täufers wird im Evangelium nichts berichtet, aber er hat sicher verstanden. Doch wird überliefert, wie Jesus anschliessend zu der Menge über den Täufer gesprochen hat:
Er ist kein Schilfrohr, das vom Wind hin und her bewegt wird, sondern jemand, der einen eigenen Standpunkt hat und seine eigene Meinung konsequent vertritt; ein Prophet, ja mehr als das: der Bote Gottes, der Vorläufer des Messias.

So steht Johannes der Täufer im Mittelpunkt des heutigen Evangeliums, ja, aber gerade nicht im Mittelpunkt: Seine Lebensaufgabe bestand ja darin, über sich hinauszuweisen, von sich weg, auf einen anderen hin.

Er zeigt uns, worauf es am meisten ankommt im Advent und in unserem Leben überhaupt: auf Jesus Christus, auf die Begegnung mit ihm, auf ein Leben nach dem Willen des Vaters.
Ein ganz eindrückliches Wort ist uns von Johannes überliefert, das gleichsam sein Lebensprogramm darstellt: Er muss wachsen, ich aber abnehmen.
Dies soll auch uns Programm für den Advent sein, Programm aber auch für unser ganzes Leben: Er muss wachsen ..

In der Offenbarung des Johannes stehen die ergreifenden Worte, dass der Herr sagt: *Ich stehe vor der Tür und klopfe an. Wer meine Stimme hört und die Tür öffnet, bei dem werde ich eintreten, und wir werden Mahl halten, ich mit ihm und er mit mir* (3,20).
Diese Wochen des Advents könnten eine Zeit sein, in der wir uns neu um das persönliche Beten mühen, um da zur Begegnung mit dem Herrn zu kommen, sein Kommen zu erfahren, die Tür unseres Herzens ihm zu öffnen. Und ich kann mich in diesen Tagen um Versöhnung mit meinen Mitmenschen bemühen. Wenn vielleicht Spannungen bestehen zu Geschwistern, zu Vater und Mutter, im Ehepaar, zu Kindern, zu Arbeitskollegen usw., kann ich meinen Beitrag leisten zum Abbau der Spannungen, zur Versöhnung. Damit dann bei der Weihnachtsfeier nicht ein oberflächlicher, fauler Friede herrscht, sondern mindestens ein Stück weit tiefer und echter Friede.
Ich habe eben ein paar Hinweise gegeben für das Verhalten im zwischenmenschlichen Bereich. Wie aber der Täufer nicht nur den einzelnen Menschen in seinem persönlichen Leben zur Umkehr aufgerufen hat, sondern auch den Zöllnern, den Soldaten usw. ihre Verpflichtungen gegenüber der Allgemeinheit einschärfte (Lk 3,10-14), so möchte ich auch für den gesellschaftlichen Bereich noch einen Hinweis geben.
Am 10. Dez. war der Internationale Tag der Menschenrechte, zum Gedächtnis an die Erklärung der Menschenrechte durch die Vereinten Nationen im Jahr 1948. Der Einsatz für die Menschenrechte ist zwar keineswegs aussch-

liesslich Sache der Christen - es gibt viele Nichtchristen, die sich für Verfolgte, Gefolterte einsetzen, Menschen, welche die Einhaltung der Menschenrechte einfordern. Aber es sollte uns bewusst sein, dass wir gerade als Christen eine besondere Verantwortung und auch eine besondere Motivation für die Achtung der Menschenrechte haben. Denn jeder Mensch hat eine unveräusserliche Würde als Ebenbild Gottes, und jeder Mensch ist von Gott geliebt und erlöst in Jesus Christus.

Er muss wachsen, ich aber abnehmen.

Christus muss wachsen. Dazu gehört auch der Kampf gegen Ungerechtigkeiten, der Einsatz für Frieden und Gerechtigkeit, für die Menschenrechte; in unserm eigenen Land und auf der ganzen Welt. Denn jede Zunahme von Frieden und Gerechtigkeit ist ein Wachsen der Herrschaft Christi.

Er muss wachsen, ich aber abnehmen. Amen.

Weihnachten

Wie wohl jeder Prediger versuche ich, an Weihnachten besonders gut zu predigen, also die hohen Erwartungen, die Sie, aber auch ich selber, an diesem Fest an meine Predigt stellen, möglichst gut zu erfüllen.

So habe ich auch dieses Jahr zahlreiche Weihnachtsgeschichten und Predigtvorschläge gelesen und mir so meine Gedanken gemacht. Dabei hat mich eine Geschichte besonders angesprochen. Sie trägt den Titel: *Vom Engel, der nicht mitsingen wollte* (nach W. Reiser, in W. Hoffsümmer, Hg., Die 100 schönsten Weihnachtsgeschichten, S. 239-241).

Als die Menge der himmlischen Heerscharen über den Feldern von Betlehem jubelte: 'Ehre sei Gott in der Höhe und Friede den Menschen auf Erden' , hörte ein kleiner Engel plötzlich auf zu singen. Obwohl er im gewaltigen Chor der Engel nur eine kleine Stimme war, machte sich sein Schweigen doch bemerkbar. Die Engel neben ihm stutzten und setzten ebenfalls aus. Das Schweigen

pflanzte sich rasch fort und hätte beinahe den ganzen Chor ins Wanken gebracht, wenn nicht einige unbeirrbare Grossengel mit kräftigem Anschwellen ihrer Stimmen den Zusammenbruch des Gesangs verhindert hätten.
Einer von den erfahrenen Engeln ging der Sache nach und stiess bald auf den kleinen Engel. „Warum willst du nicht singen?“ fragte er ihn streng.
Er antwortete: “Ich wollte ja singen. Ich habe meinen Part gesungen bis zum ‘Ehre sei Gott in der Höhe’. Aber als dann das mit dem ‘Frieden auf Erden unter den Menschen’ kam, konnte ich nicht mehr weiter singen. Auf einmal sah ich die vielen Soldaten in diesem Land und in allen Ländern. Immer und überall verbreiten sie Krieg und Schrecken, bringen Junge und Alte um und nennen das Frieden. Und auch wo keine Soldaten sind, herrschen Streit und Gewalt, fliegen Fäuste und böse Worte zwischen den Menschen und regiert die Bitterkeit gegen Andersdenkende. Es ist nicht wahr, dass auf Erden Friede unter den Menschen ist, und ich singe nicht gegen meine Überzeugung. Ich merke doch den Unterschied zwischen dem, was wir singen, und dem, was auf Erden ist. Ich halte diese Spannung nicht länger aus.“
Der grosse Engel schaute ihn lange schweigend an und sagte schliesslich: “Du leidest am Zwiespalt zwischen Himmel und Erde, zwischen der Höhe und der Tiefe. So wisse denn, dass in dieser Nacht eben dieser Zwiespalt überbrückt wurde. Dieses Kind, das soeben geboren wurde, soll und wird den Frieden in die Welt bringen. Deshalb singen wir, auch wenn die Menschen dieses Geheimnis mit all seinen Auswirkungen noch nicht hören und verstehen.“
Da rief der kleine Engel: „Wenn das so ist, singe ich gerne wieder mit.“
Der grosse Engel aber schüttelte den Kopf und sprach: “Du wirst nicht mitsingen. Du wirst einen anderen Dienst übernehmen, der deinem Wesen besonders gut entspricht. Du wirst von heute an den Frieden Gottes und dieses Kindes zu den Menschen tragen. Tag und Nacht wirst du unterwegs sein. Du sollst an ihre Häuser pochen und ihnen die Sehnsucht nach dem Frieden in

die Herzen legen. Und nun geh. Unser Gesang wird dich begleiten, damit du nie vergissest, dass der Friede in dieser Nacht zur Welt gekommen ist.“
Da machte sich der kleine Engel auf und setzte seinen Fuss auf die Felder von Betlehem. Er wanderte mit den Hirten zu dem Kind in der Krippe und öffnete ihnen die Herzen, dass sie verstanden, was sie sahen. Dann ging er in die weite Welt und begann dort zu wirken.
Unermüdlich tut er seither seinen Dienst und sorgt dafür, dass die Sehnsucht nach dem Frieden nie mehr verschwindet, sondern wächst, Menschen beunruhigt und dazu antreibt, Frieden zu suchen und zu schaffen.

Vielleicht geht es Ihnen wie dem grossen Engel in der Geschichte: Sie möchten singen, feiern, die Stimmung geniessen und sich von niemandem die Weihnachtsfreude verderben lassen.
Möglicherweise empfinden Sie aber auch so wie der kleine Engel: Das Feiern fällt Ihnen schwer, weil Sie die Spannung zwischen der Weihnachtsbotschaft und der Realität schmerzlich spüren, weil Sie die Finsternis in der Welt wahrnehmen oder die Dunkelheit in Ihnen selbst: die eigene Angst, die eigene Traurigkeit.
Beide haben ihre Berechtigung: der grosse und der kleine Engel, und vielleicht schwanken wir selber zwischen beiden hin und her.
Besonders schön an dieser Geschichte finde ich, dass der kleine Engel nicht zurechtgewiesen und zur Räson gebracht wird, dass der grosse Engel ihn vielmehr ernst nimmt und ihm einen Auftrag überträgt, der ihm besonders liegt, nämlich die Sehnsucht nach dem Frieden unter den Menschen wach zu halten.
Dementsprechend wünsche ich Ihnen nicht einfach frohe Weihnachten. Ich möchte Ihnen vielmehr wünschen, dass Sie die Spannung zwischen Weihnachtsfreude und Wirklichkeit wahrnehmen und aushalten und sie nicht nach der einen oder andern Seite auflösen: weder in eine oberflächliche Hallelujastimmung hinein noch hin zu einer Resignation und Bitterkeit, die bloss sagt:

Es hat ja doch alles keinen Sinn. - Ich möchte uns wünschen, dass wir manchmal einem kleinen Engel begegnen, der in uns die Sehnsucht wach hält und uns anstösst, ein wenig Licht und Frieden in unsere Umgebung zu tragen - und sei es nur durch ein freundliches Wort, durch ein kleines Geschenk oder ein wenig Zeit zum Zuhören. Ich möchte uns wünschen, dass wir manchmal selbst so ein kleiner Engel für andere sind. Amen.

Epiphanie Jes 60,1-6 Mt 2,1-12

Das Weihnachtsfest hat eine lange Geschichte. In der westlich-lateinisch geprägten Christenheit wurde schon um die Mitte des 4. Jahrhunderts am 25. Dezember das Fest der Geburt Jesu gefeiert, wobei die Anbetung durch die Weisen aus dem Morgenland dazu gehörte. Im orientalisch geprägten Christentum feierte man Weihnachten, und feiert es noch heute, am 6. Januar als Fest der Erscheinung des Herrn vor allen Völkern.
In unsern Ländern entwickelte sich im Lauf der Zeit ein „zweites" Weihnachtsfest, das heutige Fest Epiphanie oder Erscheinung des Herrn. Und in Berücksichtigung der grossen Bedeutung, welche die drei Weisen in der Volksfrömmigkeit einnahmen, die mit ihren königlichen Geschenken Gold, Weihrauch und Myrrhe zu Königen wurden, nannte man das Fest bei uns später meistens das Dreikönigsfest, und unsere Kirche wurde den Drei Königen geweiht.

Ich möchte drei Punkte, die mir wichtig scheinen, herausgreifen.

1. Alle sind gerufen

An Weihnachten ist von den Hirten die Rede, die zur Krippe kommen; im heutigen Evangelium von den Weisen oder Sterndeutern aus dem Morgenland, die wie gesagt im Lauf der Zeit zu drei Königen geworden sind.

Beide, die Hirten in der Nähe und die Sterndeuter in der Ferne, erfahren von der aufregenden Neuigkeit durch ein Himmelszeichen; bei den Hirten sind es Engel, bei den Weisen ein besonderer Stern. Beide machen sich auf den Weg zur Krippe, beide finden dort ihren Retter in der Gestalt eines kleinen Kindes.

So wird gleich zu Beginn des Evangeliums, sowohl bei Lukas als auch bei Matthäus, deutlich gemacht: Jesus ist für alle Menschen in diese Welt gekommen. Alle sind gerufen, ob sie nun ganz in der Nähe leben und arme und einfache Menschen sind wie die Hirten, oder ob sie von weither kommen und wohlhabend und gelehrt sind wie die Drei Könige, oder ob sie ganz gewöhnliche Menschen sind wie du und ich. Alle sind gerufen.

Mit dieser Glaubenswahrheit verbinde ich seit vielen Jahren ein Lied der Zäller Wienacht von Paul Burkhard: *Au für eus, au für eus rabeschwarzi Mohre, au für eus, au für eus wird de Heiland gebore.* Es ist eine Diskussion aufgekommen, ich glaube vor allem in Leserbriefspalten, ob man dieses Lied noch singen dürfe oder ob man nicht zumindest seine Worte abändern müsste; man könne doch nicht mehr von rabenschwarzen Mohren singen, das sei gegen die political correctness. Gewiss sprechen wir heute nicht mehr von Negern und Mohren, und auch Paul Burkhard würde das heute sicher anders sagen (Die Zäller Wienacht ist immerhin schon im Advent 1960 zum ersten Mal aufgeführt worden).

Aber ich persönlich denke nicht, dass man in diesem Lied eine Diskriminierung oder Verächtlichmachung von Menschen mit schwarzer Hautfarbe sehen muss. Sondern ich empfinde diese Worte wie schon gesagt als anschauliche Formulierung einer wichtigen Glaubenswahrheit des heutigen Festes: Alle sind gerufen. Christus ist der Erlöser aller Menschen.

2. Das heutige Fest stellt uns die Frage: Vor wem oder was gehen wir in die Knie?

Die Hirten lassen die Schafe zurück. Sie eilen zur Krippe und beten das Kind an. Die Drei Könige verlassen ihre Heimat und machen sich auf die Suche nach dem neugeborenen König der Juden. Im Stall angekommen, fallen sie vor dem Kind auf die Knie und beten es an. Herodes, den mächtigen und doch so unsicheren Gewaltherrscher, fragen die Drei Könige zwar um Auskunft, aber sie verfallen ihm nicht; im Gegenteil, sie lassen ihn bei ihrer Rückreise im wahrsten Sinn des Wortes links liegen.
Wie ist es heute? So viele Menschen, so viele Programme bieten sich uns an, ja drängen sich uns auf als die Befriedigung unserer Bedürfnisse, als die Lösung unserer Probleme.
Wie entscheiden wir uns da? Gewiss ist nicht jede Entscheidung in unserem Alltag eine auf Leben und Tod, auf Heil und Unheil. Gewiss geht es im allgemeinen nicht radikal um eine Entscheidung zwischen Gott und falschen Göttern und Götzen. Aber dennoch denke ich, das könnte für uns eine herausfordernde Frage sein im Rückblick auf das vergangene wie im Ausblick auf das eben begonnene Jahr: Vor wem oder was gehen wir in die Knie? - Wir müssen die Antwort mit unserm Leben geben.

3. Jesus Christus als das Licht für alle Menschen und alle Völker
Das geht uns besonders dann auf , wenn wir das Evangelium und die Lesung zusammen sehen: Im Evangelium die Drei Könige, die von weither gekommen sind, nach der Überlieferung auch aus verschiedenen Völkern der Erde. Und in der Lesung wird eins ums andere Mal gesagt, dass die Herrlichkeit des Herrn leuchtend aufgeht, dass die Völker zu dem Licht und die Könige zum strahlenden Glanz wandern. Und die Menschen kommen von weither zu diesem Licht, zur Herrlichkeit des Herrn.

Alle drei Punkte zusammen wollen uns die Bedeutung Jesu Christi nahebringen und zeigen uns eindrücklich, weshalb das heutige Fest Epiphanie = Erscheinung des Herrn heisst:

- Jesus Christus erscheint uns als der Erlöser und Heiland für alle Menschen, für nah und fern, für arm und reich.
- Jesus Christus erscheint uns als der Herr, dem allein die Ehre gebührt, vor dem allein wir die Knie beugen sollen.
- Jesus Christus erscheint uns als das Licht, das die Finsternis der Welt erhellt und das allen Menschen, allen Völkern leuchtet. Amen.

Aschermittwoch Joel 2,12-18 Mt 6,1-6.16-18

Äusserlichkeiten sind sehr wichtig in unserer Welt. Gut aussehen, gut dastehen, bei den andern gut ankommen, das sind Ziele, die mit grossem Einsatz verfolgt werden.
Äusserlichkeiten sind wichtig in unserer Welt. Dahinter steht ein berechtigtes menschliches Bedürfnis: der Wunsch, angesehen zu sein, dazu zu gehören, akzeptiert zu sein.
Das Evangelium des Aschermittwoch kennt diese Bedürfnisse und weiss auch, dass Menschen sich gerne in Szene setzen, Eindruck schinden und vieles auf sich nehmen, um in der Öffentlichkeit gut dazustehen, auch im religiösen Bereich. Im Evangelium wird dies in zugespitzter Weise an drei Beispielen verdeutlicht. Und jedesmal heisst es: Macht es nicht so wie die Heuchler, die ihre Frömmigkeit zur Schau stellen, die ihre guten Taten vor sich her tragen und damit Aufsehen erregen wollen.
Das Evangelium kritisiert damit nicht eine bestimmte Personengruppe, sondern ein bestimmtes Verhalten, das man überall wiederfinden kann, auch in christlichen Gemeinden, auch bei uns. Wenn religiöses Handeln nur nach aussen gerichtet ist, auf die Wirkung, die es bei anderen erzielt, auf das Ansehen, das es bringt, so ist das kein gottgefälliges Handeln. *Sie haben ihren*

Lohn bereits erhalten, heisst es im Evangelium. Und es formuliert, wiederum überspitzt, wie Menschen ihre Frömmigkeit leben sollen, nämlich *im Verborgenen.* Nun aber daraus den Schluss zu ziehen, Religion sei Privatsache und man dürfe beispielsweise nicht zusammenkommen, um gemeinsam zu beten, würde die Absicht des Textes verfehlen.

Ich denke, es geht dem Evangelium darum, die Innenseite der Frömmigkeit in den Blick zu nehmen. Es geht um überzeugtes, aus dem Inneren herauskommendes Tun. Nur dort, wo Menschen ihr Handeln nicht nach aussen hin berechnen, sondern wahrhaftig und ehrlich leben, haben sie etwas von Gott zu erwarten.

In der Fastenzeit, in der österlichen Busszeit, die wir heute beginnen, könnte dies meine Absicht, mein Vorsatz sein: Ich möchte die Innenseite meines Handelns in den Blick nehmen. Die Innenseite meines Handelns: meine Überzeugungen und meine Einstellungen, das, was mich antreibt und motiviert.

Die Innenseite wirkt sich selbstverständlich nach aussen aus. Das heutige Evangelium nennt drei Bereiche für religiöses Handeln, drei Ausdrucksformen, die in vielen Religionen von grosser Wichtigkeit sind: das Almosengeben, das Beten und das Fasten.

Da ist zuerst das *Almosengeben.* Da denken wir seit Jahren an mehr als ein Almosen, an eine substantielle Spende für das Fastenopfer. Es geht also dabei um sehr viel: um mein Verhältnis zu den Menschen um mich herum und auf der ganzen Welt. Es geht um meinen Beitrag an mehr Gerechtigkeit und Frieden in der Welt.

Da ist das *Beten*, sprich mein Verhältnis zu Gott. Ob ich mich nur auf mich verlasse oder mich ausrichte nach dem, was mich letztlich trägt. Ob ich meine Fragen und Zweifel zulasse und mich auf die Suche begebe nach der Quelle und dem letzten Halt meines Lebens.

Da ist das *Fasten*, mein Umgang mit mir selbst. In der heutigen Lesung steht: *Zerreisst eure Herzen, nicht eure Kleider, und kehrt um zum Herrn, eurem*

Gott! Da ist zwar auch nicht konkret gesagt, was Fasten heute und für jede und jeden von uns bedeutet, aber es wird klar gesagt, dass das rechte Fasten nicht an der Oberfläche bleibt wie ein Kleid, sondern aus dem Herzen kommt, und dass es wesentlich mit Umkehr und Hinwendung zu Gott zu tun hat.

Unabhängig von den heutigen Schriftlesungen möchte ich noch mit einem einfachen Bild ausdrücken, worin Bekehrung besteht: den Schutt wegräumen, der sich in uns angehäuft hat, der uns blockiert, der uns den Blick und den Weg zu Gott und zu den Mitmenschen verstellt. Den Schutt wegräumen, damit wir den Weg zu Gott und zu unseren Mitmenschen finden und gehen können. Amen.

1. Fastensonntag A Gen 2,7 - 3,7 Mt 4,1-11

Vergangene Woche, am Aschermittwoch, haben wir die diesjährige Fastenzeit begonnen oder die österliche Busszeit, wie sie auch genannt wird, eine Zeit der Vorbereitung auf Ostern, auf die Feier des Todes und der Auferstehung Jesu Christi, eine Gnadenzeit.

Der Sinn dieser Zeit ist in erster Linie die Busse, die Umkehr, die neue Hinwendung zu Gott und seinem Sohn Jesus Christus.

Was aber steht unserer Hinwendung zu Gott entgegen? Was versucht uns von der richtigen Richtung abzubringen? - Das Böse, das in der Gestalt der Versuchung an uns herantritt.

Deshalb stellt uns die Kirche in den Schriftlesungen des heutigen 1. Fastensonntags gleichsam den Grundtypus der Versuchung vor Augen und zeigt uns, wie wir uns in der Versuchung bewähren, wie wir die Versuchung überwinden können.

In der heutigen Lesung haben wir die Erzählung vom Sündenfall gehört, einer Versuchung, welcher der Mensch - Adam und Eva - erliegen. Ihr werdet sein wie Gott, wird ihnen versprochen. Das lockt sie, und sie gehen darauf ein. Stolz, Selbstbehauptung gegenüber Gott setzen sich durch. Der Grundtypus der menschlichen Versuchung und dementsprechend auch der menschlichen Sünde ist also nicht im sexuellen Bereich zu finden, wie man oft gemeint hat, sondern die Grundversuchung ist die zur Abkehr von Gott, zur Auflehnung gegen ihn; also im Bereich des 1. Gebots, der Grundhaltung gegenüber Gott; man könnte auch sagen, des Hauptgebots: Du sollst den Herrn, deinen Gott, lieben, aus deinem ganzen Herzen.
Der Sündenfall von Adam und Eva ist das Modell einer Versuchung, der der Mensch erliegt.

Die heutigen Schriftlesungen zeigen uns aber nicht nur den Menschen, der der Versuchung erliegt - Adam und Eva -, sondern auch den Menschen, der die Versuchung siegreich besteht: Jesus, der deshalb auch der neue Adam genannt wird.
Nach seiner Taufe durch Johannes im Jordan und bevor er sein öffentliches Wirken beginnt, zieht sich Jesus in die Wüste zurück. Man könnte in der Rückschau sagen, er will in aller Ruhe Exerzitien machen; um von nichts und niemand gestört zu werden, um eine ungestörte Kommunikation mit Gott zu haben. Doch diese wird erheblich gestört durch die Versuchungen, die Versuchungen zu Brot, Macht und Herrschaft, von denen das heutige Evangelium spricht. Wenn wir im folgenden diese drei Versuchungen Jesu etwas näher betrachten, sehen wir, dass durch sie die Kommunikation Jesu mit seinem himmlischen Vater nicht gestört, sondern im Endergebnis sogar gestärkt und vertieft wird.

Die 1. Versuchung ist die, Steine in Brot zu verwandeln.
Wäre das denn etwas Schlechtes gewesen? An sich nicht. Aber es war eine Versuchung gegen das Gottvertrauen. Deshalb Jesu Antwort: *Der Mensch lebt nicht vom Brot allein, sondern von jedem Wort, das aus Gottes Mund kommt.*
Die 2. Versuchung ist die, durch demonstrative Überlegenheit an die Macht zu gelangen, durch einen spektakulären Sprung von der Zinne des Tempels Aufsehen zu erregen und die Massen zu gewinnen. Geschickt ist dabei der Versucher auf das von Jesus angesprochene Gottvertrauen eingegangen und hat dafür sogar ein Psalmwort zitiert: *Seinen Engeln befiehlt er, dich auf ihren Händen zu tragen, damit dein Fuss nicht an einen Stein stösst.* (Ps 91,11f.)
Durch einen Sprung von der Tempelzinne könnte Jesus sein Gottvertrauen unter Beweis stellen und der Volksmenge imponieren, suggeriert ihm der Versucher. Jesus weist diese Versuchung ab, indem er entgegnet, durch eine solche Aktion würde er nicht Gott vertrauen, sondern Gott versuchen.
Die 3. Versuchung schliesslich ist die ungeheuerlichste: Der Versucher will Jesus ganz direkt zum Abfall von Gott bewegen, durch das Versprechen der Herrschaft über alle Reiche mit ihrer Pracht, wenn Jesus ihn anbeten würde. Scharf wendet sich Jesus gegen ihn: *Weg mit dir, Satan!* Und er hält ihm ein Schriftwort entgegen, eine Formulierung des 1. Gebots: *Vor dem Herrn, deinem Gott, sollst du dich niederwerfen und ihm allein dienen. (Dtn 5,9)*
Der Versucher hat eigentlich bei allen drei Versuchungen dieselben Lügen verwendet, nur auf verschiedene Arten. Aber Jesus hat die Lügen durchschaut und ist ihnen nicht erlegen. Es geht Jesus nicht um irdische Macht und Herrschaft über Menschen und Reiche. Sondern es geht ihm um Dienst an Gott und den Menschen.

Die Versuchungsgeschichte will uns nicht nur zeigen: So ist Jesus mit den Versuchungen fertig geworden, so ist er seiner Berufung treu geblieben, sondern auch: So sollen alle Christen, auch wir, mit den Versuchungen fertig werden, im Blick auf den Vater im Himmel, im Bestreben, den Willen Gottes zu erfüllen, Gott und den Menschen zu dienen.

Amen.

2. Fastensonntag A Gen 12,1-4 Mt 17,1-9

Vor zehn Tagen, am Aschermittwoch, haben wir die Fastenzeit, die österliche Busszeit, begonnen. Wir können diese Zeit sehen als unsern Weg hin zu Ostern, zugleich ist sie ein Bild für unsern Lebensweg.

Eine Gestalt mit einem aussergewöhnlichen Lebensweg stellt uns die heutige Lesung vor Augen: Abraham.

Es ist bemerkenswert, dass Abraham, der vor rund 4000 Jahren gelebt hat und von dem wir kaum etwas historisch Gesichertes sagen können, durch all die Jahrhunderte hindurch bis auf den heutigen Tag im Gedächtnis der Menschen lebendig geblieben ist und uns noch heute etwas zu sagen hat.

Im heutigen Abschnitt – es sind die ersten Verse der Abrahamserzählung, die sich über mehrere Kapitel des Buches Genesis hinzieht – heisst es ganz lapidar: *Der Herr sprach zu Abraham: Zieh weg aus deinem Land in das Land, das ich dir zeigen werde.*

Fast zu einfach mag uns diese Szene mit Abrahams Antwort vorkommen: *Da zog Abraham weg, wie der Herr ihm gesagt hatte.* Gewiss ist es ihm und seiner Frau Sara und der ganzen Sippe nicht so leicht gefallen, alles zurückzulassen. Aber auf jeden Fall ist Abraham diesem aussergewöhnlichen Ruf Gottes nachgekommen.

Sich auf den Weg machen, aufbrechen, Vertrautes verlassen – das kennzeichnet das Leben von Abraham. Das steht aber auch als Grundforderung und Aufruf im Leben des Menschen überhaupt, auch in unserm Leben. Zwar kaum im Sinn einer Auswanderung in ein fernes Land, wohl aber im Sinn des Aufgebens von alten Gewohnheiten und dem Ergreifen von neuen Initiativen. Abraham verliess sein Land, seine Verwandtschaft, sein Vaterhaus und brach ins Ungewisse auf, im Glauben und im Vertrauen auf den Ruf des Herrn, den er vernommen hatte. Und so ist er zum Vorbild geworden und wird bis auf den heutigen Tag von Juden wie Christen und Muslimen als Vater des Glaubens bezeichnet und verehrt. Im Hebräerbrief wird Abrahams Leben kurz so zusammengefasst: *Im Glauben gehorchte Abraham dem Ruf, seine Heimat zu verlassen, ohne zu wissen, wohin er komme (11,8).*

Etwas ganz Besonderes steckt noch in diesem Text, nämlich der Segen.
Nicht nur, dass Gott dem Abraham Segen verheisst und Segen verleiht. Abraham selber wird zum Segen für andere, seine Familie, seine Sippe, seine Nachkommen, ja für alle Generationen.
Einfach ausgedrückt: Gott spricht zu Abraham: Du bist gesegnet, ein Segen bist du. Und wir begreifen, dass dies nicht nur für Abraham gilt, sondern auch für uns, für alle: Du bist gesegnet, ein Segen bist du. Gewiss kann ich nicht sagen, ich sei ein Segen für alle Generationen. Aber jeder und jede kann sagen und überzeugt sein, dass der Segen, den wir erhalten, nicht nur für uns bestimmt ist, sondern für viele andere.

Das heutige Evangelium berichtet uns von der Verklärung Jesu vor seinen Jüngern. Sie sind miteinander unterwegs nach Jerusalem. Im vorangehenden Abschnitt wird gesagt, wie Jesus den Jüngern von seinem bevorstehenden Tod und seiner Auferstehung gesprochen hat. Sie wollten das nicht hören, haben es wohl auch nicht verstehen können, aber irgendwie haben sie sicher trotzdem gespürt, dass der Weg nach Jerusalem ein schwerer Weg würde für sie und noch mehr für ihren Meister.

In diesem Zusammenhang steht der Bericht von der Verklärung, wo Jesus die drei Jünger Petrus, Jakobus und Johannes mit sich auf einen Berg nimmt. Die Szene von der Verklärung zeigt uns Jesus gleichsam eingerahmt von Mose und Elija, den beiden grossen Gestalten des Alten Testaments, und die Jünger hören eine Stimme: *Das ist mein geliebter Sohn .. auf ihn sollt ihr hören.* Das stärkt ihren Glauben an Jesus als den Messias und ist eine grosse Ermutigung für sie. Es geht ihnen ein Licht auf, von dem sie noch lange zehren können.

Und wie ist es bei uns? So Ähnliches haben wir doch auch schon erlebt, auch wenn es äusserlich sehr verschieden war von der Verklärung Jesu, wie sie im Evangelium berichtet wird. Wir haben doch auch schon Sternstunden erlebt, wo uns aufgegangen ist: Auf ihn sollte ich hören, in ihm finde ich den Sinn meines Lebens. Das ist wichtig in meinem Leben, und nicht diese und jene Äusserlichkeit.

Eine solche Einsicht kann uns auf einem Berg geschenkt werden, so wie sich die Verklärung Jesu auf einem Berg ereignet hat. Denn einen Berg zu besteigen, einen Gipfel zu erreichen und oben zu stehen, ist auch für einen Städter des 21. Jahrhunderts noch immer ein grosses Erlebnis. Da gewinnen wir Abstand von unserm Alltag und der Welt. Wir fühlen uns gleichsam Gott näher.

Aber es kann auch in ganz anderen Situationen und an ganz andern Orten gewesen sein, dass wir eine Einsicht, eine Ermutigung gewonnen haben. Ich denke, es ist sehr wichtig, dass wir nicht bloss auf ausserordentliche Ereignisse und Erleuchtungen warten, sondern dass wir lernen, in unserem gewöhnlichen Leben offen zu sein für das, was Gott uns sagen, was er uns an Einsicht und Ermutigung schenken will. *Aha,* sagen wir dann, *jetzt ist mir ein Licht aufgegangen.* Ich denke, wir haben immer wieder Aha-Erlebnisse, auch im Bereich des Glaubens. Manchmal werden sie uns erst im nachhinein bewusst, und sie sind andern schwer zu vermitteln. Trotzdem möchte ich ein paar Beispiele nennen: Wenn jemand beim Lesen und Betrachten einer Bibelstelle merkt: *Ich* bin hier gemeint. Wenn jemand im Tiefsten seines Herzens verspürt, dass Gott ihn ermutigt, ja auffordert, eine Versöhnung ins Werk zu setzen, für den Frieden einzutreten. Wenn jemand erfährt, dass Solidarität mit den Mitmenschen, die er bis jetzt bloss im allgemeinen bejaht hat, nun in einem konkreten Fall von ihm gefordert ist, usw.

Solche Aha-Erlebnisse von Glaubens- und Gotteserfahrung ermöglichen mir, meinen Lebensweg zu gehen im Vertrauen auf Gott, der mich ruft, im Vertrauen auf Jesus, der vor mir den Weg gegangen ist und der mich auf meinem Weg begleitet. Amen.

3. Fastensonntag A Ex 17,3-7 Joh 4,5-42

Wir wissen alle, was eine Durststrecke ist, und wir haben alle in unserm Leben Durststrecken zu bestehen, also Lebensabschnitte, in denen wir durchhalten müssen, in denen wir unsere Reserven anzapfen müssen. Durststrecken verstehen wir also meistens im übertragenen Sinn, nicht Durst nach Wasser, Flüssigkeit, sondern Durst nach Anerkennung, Zugehörigkeit, Beziehung usw., die wir eine gewisse Zeit entbehren müssen.

Die Israeliten, von denen die heutige Lesung spricht, waren auf ihrem Zug durch die Wüste ganz wörtlich und existentiell-materiell auf einer Durststrecke. Der erste Satz der Lesung lautet: *In jenen Tagen dürstete das Volk nach Wasser.* Für uns ist das vielleicht nicht so gut nachvollziehbar, weil wir kaum je längere Zeit ohne Flüssigkeit aushalten müssen, ausser wenn wir auf einer längeren Wanderung unvorsichtigerweise zu wenig Flüssigkeit mitgenommen haben und auch an keinem Brunnen vorbeikommen. Die Israeliten aber waren auf ihrem Zug durch die Wüste in grosser Not; denn ohne Wasser kann man nicht lange überleben.

Interessant, aber nicht weiter verwunderlich ist nun aber, dass ihr existentiell-materieller Durst sich auch auf ihre Moral auswirkt, dass ihre Durststrecke auch im übertragenen Sinn eine ganzmenschliche wird: Sie murren gegen Mose, sie werfen ihm vor, dass er sie aus Ägypten heraus in die Wüste geführt hat. Sie zweifeln an ihm als ihrem Anführer, sie zweifeln daran, dass er sie je ins Gelobte Land bringen werde. Und sie zweifeln sogar – das ist zwar nicht deutlich gesagt, aber es ist klar genug zwischen den Zeilen zu lesen – sie zweifeln sogar an Gott und seiner Führung.

Das heutige Evangelium könnte man auch als eine Durstgeschichte bezeichnen, aber es handelt sich um ein so kunstvolles Wechselspiel zwischen dem Durst nach gewöhnlichem Wasser und dem Durst nach einem besonderen Wasser, als Sehnsucht, als Durst nach Gott, dass wir am Ende diese Szene noch anders kennzeichnen müssen.

Die Begegnung zwischen Jesus und der nicht mit Namen genannten Samaritanerin am Brunnen von Sychar spielt nach heutigen Begriffen im Westjordanland; es könnte eine ganz alltägliche Begegnung sein: eine Frau auf ihrem täglichen Gang zum Brunnen und ein Mann, der auf der Durchreise von Judäa nach Galiläa am Brunnen rastet und seinen Durst löschen will.

Aber durch mehrere Umstände wird die Begegnung, die so alltäglich beginnt, zu einer ganz besonderen: Jesus ist ein Jude, die Frau eine Samaritanerin. Die Samaritaner waren ein Mischvolk, das von den Juden verachtet wurde. Ein Mann und eine Frau, die einander nicht kannten, sollten eigentlich nach den damaligen Gepflogenheiten gar nicht miteinander sprechen. Aber zwischen Jesus und der Frau ergibt sich nach und nach ein tiefes Gespräch.

Schauen wir etwas genauer auf dieses Wechselspiel, wie sich die Beziehung zwischen Jesus und der Frau entwickelt hat und wie es zur echten Begegnung zwischen den beiden gekommen ist.

Am Anfang steht Jesu Bitte: *Gib mir zu trinken!* Er hat Durst, aber kein Schöpfgerät. Darauf die verwunderte Frage der Frau, wie denn Jesus als

Jude dazu komme, eine Samaritanerin um Wasser zu bitten. Jesus lenkt dann das Gespräch mehr in die Tiefe, er spricht von lebendigem Wasser, von Wasser, das den Durst nicht nur vorübergehend, sondern dauernd stillt. So kommt es zur Umkehrung der Bitte um Wasser: Hat Jesus am Anfang die Frau um Wasser gebeten, so sagt jetzt die Frau zu Jesus: *Herr, gib mir dieses Wasser, damit ich keinen Durst mehr habe und nicht mehr hierher kommen muss, um Wasser zu schöpfen.* Es ist ihr aufgegangen, dass dieser Mann nicht einfach von gewöhnlichem Wasser spricht und dass er etwas Besonderes ist. Zuerst denkt sie an einen Propheten; dann aber kommt es zum ersten Höhepunkt dieser Szene, dieser Begegnung, als sich Jesus der Frau zu erkennen gibt als der Messias, das heisst, als der langersehnte Erlöser.
Die Frau geht darauf in die Stadt und erzählt ihren Bekannten, was sie erlebt hat, wie die Begegnung mit Jesus sie mit neuem Lebensmut und Lebensfreude erfüllt hat. Auf das Wort der Frau hin kommen viele Samaritaner zum Glauben an Jesus, und sie gehen zu Jesus vor die Stadt hinaus, um ihn kennenzulernen und sich unterweisen zu lassen.
Schliesslich sagen sie zur Frau – und das ist der zweite Höhepunkt dieser Szene: *Nicht mehr aufgrund deiner Aussage glauben wir, sondern weil wir ihn selbst gehört haben und nun wissen: Er ist wirklich der Retter der Welt.*

Im Rückblick auf die ganze Szene mit Jesus und der Frau am Brunnen können wir sagen, dass wir viel mehr als eine Durstgeschichte vor uns haben: Jesus hat die Frau von seinem eigenen Durst und ihrem Durst behutsam weiter geführt und sie erkennen lassen, dass der Durst mehr ist als Durst nach Wasser, er ist eine Sehnsucht nach Beziehung, Beziehung zu den Mitmenschen, im tiefsten Sehnsucht nach Beziehung zu Gott.
Ich denke, diese Einsicht dürfen auch wir uns zu Herzen nehmen: dass wir unsere Sehnsucht nach Beziehung zum Mitmenschen, ja zu Gott, wahrnehmen, sie nicht mit billigen Ersatzbefriedigungen abtöten, sondern sie in unserem Leben wach halten. Amen.

4. Fastensonntag A Eph 5,8-14 Joh 9,1-41

In mehrfacher Hinsicht werden wir am heutigen Sonntag mit der Problematik von Licht und Dunkel konfrontiert.

Die Lesung erinnert die jungen Christen in Ephesus daran, dass sie einst Finsternis waren, jetzt aber im Licht sind und als Kinder des Lichtes leben sollen. Das gleicht gilt natürlich auch für uns heute: Nicht in der Finsternis verharren, sondern als Kinder des Lichtes leben.

Im Schlussritus der Taufe kommt dieselbe Idee augenfällig zum Tragen: Die Taufkerze wird an der Osterkerze, die das Symbol Christi ist, angezündet, und sie wird dem Neugetauften oder dem Vater übergeben. Dazu wird das Gebet gesprochen, der Neugetaufte möge als Kind des Lichtes leben und sich im Glauben bewähren.

Aber im Mittelpunkt des heutigen Wortgottesdienstes und auch meiner Predigt steht die Heilung des Blindgeborenen, die uns im heutigen Evangelium berichtet wird.

Ein Blindgeborener wird von Jesus geheilt, aber nicht sofort: Er muss zum Teich Schiloach gehen und sich dort die Augen waschen, nachdem ihm Jesus einen Teig darauf gestrichen hat.

Aber die Heilung eines Blinden ist etwas so Unerhörtes, dass die Leute staunen und ihn ausfragen. Indem er von seiner Heilung spricht, muss er auch vom Heiland sprechen. Er steht zu den Tatsachen und damit auch zu Jesus, auch als man Druck auf ihn ausübt. Er wird aus der Synagoge ausgestossen.

Am Anfang ist der Blinde in jeder Hinsicht im Dunkeln. Der englische Komponist Edward Elgar hat auf der Grundlage des heutigen Evangeliums ein Oratorium komponiert, das *Christus* als das *Licht des Lebens* zeigt. Der Text entspricht nicht genau dem Bibeltext. Aber er drückt das Geschehen gut aus, etwa wenn der Blinde am Anfang singt: *Alles ist für mich dunkel. Ich kann*

Deine Wahrheit und Liebe nicht erfahren. Herr, gewähre mir das Augenlicht! Oh Gott! Ich bete um Licht.
Nach der Begegnung mit Jesus steht er schliesslich da als einer, der zu Jesus gefunden hat, zum wahren Licht des Lebens und der Welt, der also wahrhaft sehend geworden ist, während die andern, die eigentlich sehen, ihre Augen vor der Wahrheit verschlossen haben, also blind sind.

Wie bei jeder Wundererzählung in den Evangelien und bei Johannes im besonderen ist auch hier, wie Sie sicher ebenfalls bemerkt haben, eine tiefere symbolische Bedeutung mitenthalten: Es geht nicht nur um die Augen des Leibes, sondern noch mehr um die Augen des Geistes, die Augen des Herzens.
Die Gegenüberstellung Blindsein - Sehen
hat ihre Parallelen in den Gegenüberstellungen

Finsternis - Licht
Unglaube - Glaube
Unheil - Heil.

Dieses Heilungswunder steht also für die Offenbarung und das Heil, das Jesus den Menschen bringt. Der Weg, den der Blindgeborene im Evangelium zurücklegt -
von der Blindheit am Anfang, als er Jesus überhaupt noch nicht kennt, über seine wachsende Einsicht bis hin zu seinem Einstehen für Jesus und seinem Bekenntnis „Ich glaube, Herr“ -
dieser Weg entspricht dem Weg, den der Taufbewerber zurücklegt, bis er in der Osternacht getauft wird und zur Begegnung mit Jesus Christus kommt, dem Licht der Welt, das in der Osterkerze symbolisiert wird, von dem die Taufkerze ihr Licht bezieht.

Unsere eigene Taufe liegt schon weit zurück. Und das, wovon ich eben gesprochen habe, erleben wir auch nur selten mit, nämlich wie eine erwachsene

Taufbewerberin sich während einiger Zeit auf die Taufe vorbereitet und schliesslich getauft wird. - Was sagt dieser Bericht für uns?
- Wir sollen uns von Jesus die Augen öffnen lassen.
Von uns aus sind wir oft blind für die Wirklichkeit, verblendet, wie man auch sagt. Aber der Herr kann uns die Augen öffnen.
Immer neu geht es darum, uns von ihm die Augen öffnen zu lassen und dann mit seinen Augen zu sehen, im Licht des Evangeliums die Welt, unser Leben zu sehen, damit wir erkennen, was wir zu tun haben nach dem Willen Gottes.
- Wir sollen von Jesus Zeugnis ablegen.
Der Blindgeborene ist zu seiner Heilung und zu Jesus gestanden.
Auch wir, als Erlöste, Getaufte, sollen Zeugnis ablegen von Jesus und von dem, was er für uns getan hat und noch immer tut; sollen das Licht, das wir empfangen haben, weitertragen, auch gegen Anfechtung, gegen äusseren Druck.
Mit dem 1. Vers der heutigen Lesung möchte ich meine Predigt zusammenfassen und abschliessen:
Einst wart ihr Finsternis, jetzt aber seid ihr durch den Herrn Licht geworden.
Lebt als Kinder des Lichts! Amen.

Gründonnerstag 1 Kor 11,23-26 Joh 13,1-15

Jesus hat seinen Jüngern die Füsse gewaschen. Das war etwas Unerwartetes und Unerhörtes. Andern die Füsse zu waschen, war ein Sklavendienst, den ein Gastgeber durch seine Sklaven seinen Gästen angedeihen liess. Da die Menschen in Palästina zur Zeit Jesu gewöhnlich barfuss in offenen Sandalen gingen, hatten sie dann wirklich staubige Füsse, wenn sie ankamen.
In heutiger Sprache könnte man sagen, dass Jesus durch die Fusswaschung, die er selber vornahm, die Jünger provoziert hat. Die Reaktion des Petrus,

der sich zunächst weigerte, sich von Jesus die Füsse waschen zu lassen, war durchaus verständlich, und die andern haben sicher ähnlich gedacht.
Und auch uns heute provoziert Jesus, wenn wir das im heutigen Evangelium hören und Jesu Handeln zu verstehen suchen.
Die Jünger damals und auch wir heute hätten uns eher vorgestellt, Jesus, der Herr und Meister, hätte sich für seine letzte Jüngerbelehrung auf einen Thron oder eine Kathedra gesetzt, um seine Autorität zu demonstrieren. Stattdessen kniet Jesus auf den Boden und schickt sich an, den Jüngern die Füsse zu waschen.
Wir hätten uns vielleicht vorgestellt, in heutigen Begriffen ausgedrückt: Nun setzt sich Jesus die Mitra auf den Kopf, rückt sich das Mikrofon zurecht und lässt sich von einem Assistenten das Manuskript reichen. Stattdessen zieht Jesus stumm das Obergewand aus und bindet sich eine Schürze um.
Wir hätten uns vorgestellt, er würde den Verräter Judas, in dessen Beutel schon verräterisch die 30 Silberlinge klimpern, die er für seinen Verrat erhalten hat, blossstellen und rausschmeissen. Aber auch ihm wäscht er stumm die Füsse.
Eindrucksvoller hätte Jesus seine Vorstellung, wie das Leitungsamt in der Kirche auszuüben ist, nicht darstellen können. Autorität in der Kirche hat Berechtigung nur als Dienst.
Das Ganze scheint stumm abgelaufen zu sein, abgesehen vom Protest des Petrus und Jesu Antwort darauf. Aber am Schluss formuliert Jesus die Lehre daraus ganz deutlich: *Begreift ihr, was ich euch getan habe? Ihr sagt zu mir Meister und Herr, und ihr nennt mich mit Recht so, denn ich bin es. Wenn nun ich, der Herr und Meister, euch die Füsse gewaschen habe, dann müsst auch ihr einander die Füsse waschen.*

Wenn das so stark formuliert ist: *Auch ihr müsst einander die Füsse waschen,* weshalb machen wir das nicht in unserem Gottesdienst am heutigen Tag? Es gibt durchaus Pfarreien, die sich entschlossen haben, das starke

Zeichen der Fusswaschung im Gottesdienst des heutigen Tages auszuführen. Ich will nichts dagegen sagen.
Aber ich denke doch, es ist schwer, dieser Handlung, da sie so weit von unserer heutigen Lebenswirklichkeit entfernt ist, den Charakter des Künstlichen, des Gespielten zu ersparen – wie würden diese Menschen für die Fusswaschung ausgewählt und von wem? Und manche würden wohl, bevor sie sich im Gottesdienst die Füsse waschen lassen, zuhause selber die Füsse waschen usw. - Ich meine also, einander die Füsse waschen, müsse nicht wörtlich umgesetzt werden. In erster Linie kommt es darauf an, dass wir einander im Alltag in dieser Haltung des Dienstes und der Liebe begegnen. Was Jesus seinen damaligen Jüngern und uns allen beibringen wollte, ist nicht schwer zu verstehen, wohl aber sehr schwer zu verwirklichen. *Begreift ihr, was ich euch getan habe?*
Ich will noch präzisieren, dass die Lehre Jesu aus der Fusswaschung direkt auf die zwölf Apostel und damit indirekt auch auf die kirchlichen Amtsträger bis auf den heutigen Tag zielt – so habe ich vorhin auch den Text interpretiert (und ein wenig ausgeschmückt). Ich denke, Papst Franziskus hat sich diese Lehre Jesu zu Herzen genommen und versucht, sein Amt in dieser Art auszuüben: nicht als Machtausübung und Prachtentfaltung, sondern eben als Dienst. Und viele Menschen verstehen das, ohne dass viel Worte gemacht werden, und sind davon beeindruckt. Aber es ist klar, dass wir bei diesen Worten nicht nur an den Papst und die Kardinäle und die Bischöfe denken dürfen. Dies ist auch für uns alle gesagt .. *Begreift ihr ..*

Gleichsam als Überschrift zur Fusswaschung steht im Johannesevangelium der Satz: *Da Jesus die Seinen liebte, liebte er sie bis zur Vollendung.* Das gilt ebenso sehr für die Eucharistie, das Sakrament, dessen Einsetzung wir heute Abend feiern. Aus Liebe zu uns Menschen hat Jesus den Tod am Kreuz auf sich genommen. Aus Liebe hat er uns dieses Sakrament anvertraut, zu dem alle eingeladen sind.

Ubi caritas.. = Wo Güte ist und Liebe, da ist Gott. Nicht zufällig gehört dieser Vers seit jeher zur Gründonnerstagsliturgie. Die Liebe Jesu, die wir durch seine Gegenwart in der Eucharistie erfahren dürfen. Die gegenseitige Liebe aber auch, die wir in der Gottesdienstgemeinschaft und in der Verbundenheit im Alltag zum Ausdruck bringen.

Im heutigen Abschnitt aus dem 1. Korintherbrief wird betont, dass das Mahl, das Jesus am Abend vor seinem Leiden mit seinen Jüngern gehalten hat, weitergeht - *Tut dies zu meinem Gedächtnis!* - und nicht nur als äusserliches Gedächtnis, wie man etwa das 50-Jahr-Jubiläum einer Firma feiern kann, sondern dass Jesus in diesem Sakrament unter uns und in uns gegenwärtig bleibt, bis auf den heutigen Tag. Amen.

Karfreitag Passion nach Lukas

Der Karfreitag ist wohl für die meisten von uns eher ein schwerer Tag. Das Leid, die Ungerechtigkeiten, die Jesus erdulden musste – wie wir eben wieder in der Leidensgeschichte gehört haben – das kann uns bedrücken. Dazu kommt, dass schwer zu begreifen ist, dass Jesus erst durch einen solchen Tod uns erlösen, uns das Leben bringen konnte.
Keine Predigt kann dieses Geheimnis ausloten. Ich möchte mit zwei Gedanken einen Zugang zum Geschehen und zur Bedeutung des Karfreitags suchen und aufzeigen.

1. Jesu Versuchung und Kampf

Eine Kurzgeschichte des bekannten Schriftstellers Ernest Hemingway trägt den Titel „Heute ist Freitag“. Römische Soldaten sitzen da um elf Uhr nachts in einer Kneipe und machen sich neben und zwischen der üblichen belanglo-

sen Unterhaltung auch Gedanken über das, was sie im Lauf des Tages erlebt haben.
Einer sagt: *Der hat sich recht ordentlich benommen heute.* Der andere fragt: *Warum ist er nicht vom Kreuz herabgestiegen?*
Der erste: *Weil er nicht vom Kreuz steigen wollte. Das gehört nicht zu seiner Rolle.*
Der zweite: *Na, den Kerl möchte ich sehen, der nicht vom Kreuz runter will.*
Da vertritt also der eine Soldat die Auffassung, zur Rolle Jesu habe es gehört, dass er nicht vom Kreuz herunter steigen wollte, während der andere aus seiner Lebenserfahrung heraus ihm entgegenhält, dass jeder vom Kreuz runter will.

Die Evangelien sagen uns, dass Jesus den Tod auf sich genommen hat im Gehorsam gegenüber seinem himmlischen Vater und aus Liebe zu uns. Wir lesen aber auf der andern Seite an verschiedenen Stellen der Heiligen Schrift, dass dies Jesus gar nicht leicht gefallen ist.
Im Hebräerbrief heisst es: *Als Christus auf Erden lebte, hat er mit lautem Schreien und unter Tränen Gebete und Bitten vor den gebracht, der ihn aus dem Tod retten konnte.* (5,7)
Damit ist uns also gesagt, dass Jesus selber auch zurückgeschreckt ist vor dem grauenhaften Los, das er auf sich zukommen sah. Wie eine Versuchung hat ihn der Gedanke befallen, ob es nicht möglich wäre, am Kreuzestod vorbeizukommen. Aber er hat sich zu einem Ja zum Willen des Vaters durchgerungen. Diese Versuchung und dieser Kampf Jesu sind uns vertraut aus der Szene am Ölberg, die von Matthäus, Markus und Lukas überliefert ist. Da hat Jesus gebetet: *Vater, wenn du willst, nimm diesen Kelch von mir! Aber nicht mein, sondern dein Wille soll geschehen.* (Lk 22, 42)
Ein Anklang an den inneren Kampf Jesu am Ölberg findet sich auch in der Johannespassion, allerdings nur der positive Ausgang: Bei seiner Gefangennahme, als Petrus ihn mit Waffengewalt verteidigen will, verwehrt er es ihm

mit den Worten: *Steck das Schwert in die Scheide! Soll ich den Kelch, den mir der Vater gegeben hat, nicht trinken?* (18,11)
Es ist Jesus also nicht leicht gefallen, den grausamen Tod am Kreuz anzunehmen, er hat Todesangst ausgestanden. Aber für uns Menschen und um unseres Heiles willen hat er diesen schmählichen Tod auf sich genommen.

2. Einer von uns

Der Dichter Rudolf Otto Wiemer hat den Tod Jesu und besonders seinen Todesschrei *Mein Gott, mein Gott, warum hast du mich verlassen*? folgendermassen kommentiert: „Und weil er selber so weit unten war, ein Mensch, der ‚Warum' schreit und schreit ‚Verlassen', deshalb könnte man auch die anderen Worte, die von weiter oben, vielleicht ihm glauben."
Vorsichtig und behutsam, aber doch deutlich genug, sagt da Wiemer: Die Tatsache, dass Jesus so weit unten war, dass er wie wir sich vor dem Tod und besonders der Gottverlassenheit gefürchtet hat, erhöht seine Glaubwürdigkeit, kann uns Mut machen, auf ihn und seine Botschaft zu hören.
Dieselbe Botschaft, wenn auch in einer anderen Sprache, findet sich im Hebräerbrief: *Wir haben in Christus nicht einen Hohenpriester, der nicht mitfühlen könnte mit unserer Schwäche, sondern einen, der in allem wie wir in Versuchung geführt worden ist, aber nicht gesündigt hat. Lasst uns also voll Zuversicht hingehen zum Thron der Gnade und so Hilfe erlangen zur rechten Zeit* (4,15f.).
Einer von uns. Das heisst - ohne dass wir deshalb die Einmaligkeit Jesu und seines Leidens und Todes leugnen würden –, dass auch andere Menschen, in seiner Nachfolge, einen ähnlichen Tod auf sich genommen haben.
Ich möchte an drei solche Menschen erinnern.
Edith Stein, die jüdische Philosophin, die katholisch wurde, in ein Karmeliterkloster eintrat, aber die Solidarität mit ihrem jüdischen Volk aufrechterhielt und am 9. Aug. 1942 im KZ Auschwitz umgebracht wurde. Sie hatte geschrieben: „Christus lebt in seinen Gliedern fort und leidet in ihnen fort; und das in

Vereinigung mit dem Herrn ertragene Leiden ist sein Leiden, hineingestellt in das grosse Erlösungswerk und darin fruchtbar."

Martin Luther King, Pfarrer und Kämpfer für die Bürgerrechte der Schwarzen in den USA, der am 4. April 1968 einem Attentat zum Opfer gefallen ist. Zwei Monate vor seinem gewaltsamen Tod hatte er in einer Predigt gesagt, er wünsche sich, dass man bei seinem Begräbnis über ihn sagen könne: Er hat versucht, mit seinem Leben andern zu dienen. Er hat versucht, Liebe zu üben.

Erzbischof *Oscar Romero* wurde in seiner Bischofsstadt San Salvador am 24. März 1980 am Altar erschossen. Er hatte sich unerschrocken für soziale Gerechtigkeit eingesetzt, für die Menschen, die dem Unrecht und dem Machtmissbrauch der Mächtigen ausgesetzt waren. Er war sich wohl bewusst gewesen, dass er seines Lebens nicht mehr sicher sein konnte – schon genug Todesdrohungen hatte er erhalten, seit er Erzbischof geworden war und begonnen hatte, sich für die Unterdrückten einzusetzen.

Es ist nicht anzunehmen, dass jemand von uns sein Leben hingeben muss wie die eben genannten Christen und unzählige andere im Lauf der Geschichte bis auf den heutigen Tag. Aber von jeder und jedem von uns wird erwartet, dass wir unser Kreuz, auch wenn es im Vergleich mit dem Kreuz Jesu und dem der Blutzeugen bescheiden ist, Tag für Tag auf uns nehmen.

Auch aus dem 1. Teil meiner Predigt möchte ich noch einen Anstoss für uns herausnehmen.

Ich habe von der Furcht Jesu vor seinem gewaltsamen Tod gesprochen. Aber Jesus hat aus seiner Furcht herausgefunden und hingefunden zum Vertrauen. Der letzte Satz Jesu in der Lukaspassion heisst: *Vater, in deine Hände lege ich meinen Geist.*

Wir können uns vor vielem fürchten, nicht nur vor dem Sterben und dem Tod, auch vor dem Verlust eines lieben Menschen, vor dem Verlust unseres Arbeitsplatzes, ja, wir können uns vor der Zukunft überhaupt fürchten angesichts der fortschreitenden Umweltzerstörung, der atomaren Bedrohung, usw. Schauen wir da auf Jesus und versuchen wir, uns sein Vertrauen zu eigen zu machen. Im kirchlichen Nachtgebet, der Komplet, beten wir jeden Abend ein Gebet, das Jesu letztem Wort am Kreuz nachgebildet ist: Herr, auf dich vertraue ich, in deine Hände lege ich meinen Geist. Amen.

Osternacht C Lk 24,1-11

Ein Pfarrer soll einmal an Ostern eine Kürzestpredigt gehalten haben, die bloss aus drei Sätzen bestand:
Christus ist vom Tod auferstanden. Ja, er ist wirklich auferstanden. Aber ihr glaubt es ja nicht. Amen
Nun ist es sicher so, dass die meisten von Ihnen in der Osternachtliturgie, die deutlich länger dauert als die gewöhnlichen Gottesdienste und die in ihrer Vielfalt auch ohne die Predigt zahlreiche Anregungen bietet, eine kurze Predigt schätzen. Aber sie darf wohl doch ein wenig länger sein als die eben zitierte. Und ich möchte Ihnen nicht den Glauben an die Osterbotschaft absprechen, wie es der Pfarrer mit dem Satz *Ihr glaubt es ja nicht* getan hat.
Ich will vielmehr Ihrem Osterglauben, seiner Entstehung und seinem Wachsen, eine Hilfe bieten unter dem Motto: *Sing dein Halleluja nicht zu schnell!*
Unser Osterglaube soll gewiss freudig sein, er darf auch begeistert sein, aber er soll nicht ein Strohfeuer sein, das bei der ersten auftauchenden Schwierigkeit erlischt. Deshalb die Mahnung, das Halleluja nicht zu schnell zu singen. Es soll aus dem Herzen kommen und Hand und Fuss haben und deshalb auch Bestand haben.
Wer in seinem Leben einen „Karfreitag“ durchleben muss, dem geht es oft einfach zu schnell: der Weg von der Traurigkeit zum Halleluja-Singen, der

Weg vom Niedergeschlagensein zum Jubilieren, der Weg von der düsteren Stimmung zur hellen Gewissheit, der Weg vom „Ich weiss nicht weiter“ zum „Freudig und zuversichtlich voran!“ Ostern kann nicht einfach so plötzlich da sein. Ostern ist oft selbst ein langer Weg.

Und genau das haben die biblischen Erzählungen im Blick, wenn sie von Ostern erzählen. Da kommen die Frauen zum Grab - heutiges Evangelium - und finden den Stein weggewälzt. Als sie zwei Männer in leuchtenden Gewändern erblicken, erschrecken sie sehr. Die Männer aber sagen zu ihnen*: Was sucht ihr den Lebenden bei den Toten? Er ist nicht hier, sondern er ist auferstanden.* Und sie bekommen den Auftrag, in die Stadt zurückzugehen und dem Petrus und den übrigen Jüngern zu berichten, was sie erlebt haben. Die Reaktion der Apostel ist ganz erstaunlich, aber doch irgendwie typisch. Es heisst: *Die Apostel hielten das alles für Geschwätz und glaubten den Frauen nicht*. - Die Apostel hatten wahrhaftig noch einen langen und schwierigen Weg vor sich, bis sie zum Osterglauben fanden.

Oder denken Sie an die Jünger auf dem Weg nach Emmaus, wie sie Zeit brauchten, bis sie es fassen konnten: Jesus, ihr Herr und Meister, der am Kreuz einen schmachvollen Tod erlitten hatte, er lebt, er geht mit ihnen, er isst mit ihnen. Sie brauchten Zeit, um zum Osterglauben zu kommen. Soll es uns heute besser gehen? Deshalb: Sing dein Halleluja nicht zu schnell!

Ich bin auf einen Liedtext von Arnim Juhre gestossen, von dem zwei Strophen gut in diesen Zusammenhang passen:

Sing nicht so schnell dein Glaubenslied,
sing nicht so laut, so grell.
Der Glaube trägt ein schweres Kleid
aus Gnadenglück und Sterbeleid.

Sing nicht so schnell dein Hoffnungslied
sing nicht so laut, so grell.

Die Hoffnung kann viel weiter sehn
als heute deine Füsse gehn.

Sing dein Halleluja nicht zu schnell!
Amen.

Ostern Apg 10,34.37-43 Joh 20,1.11-18

Eine Buchmalerei in einer Handschrift der St.Galler Stiftsbibliothek stellt die Osterbotschaft dar. Da ist alles zu sehen, was man auf einem solchen Bild erwartet: das Grab, die drei Frauen, der Engel, die schlafenden Wachsoldaten. Aber dann stellt man mit Erstaunen fest, dass eine wichtige Person, ja die Hauptperson, fehlt, nämlich der Auferstandene. Wie ist das zu erklären? Auf den meisten Osterdarstellungen, die wir kennen, ist doch der Auferstandene in der Mitte dargestellt, wie er gerade dem Grab entsteigt oder eher entschwebt, oft mit einer Siegesfahne in der Hand.
Unser Buchmaler aus dem 11. Jahrhundert aber hat den Auferstandenen gleichsam ausgespart. Weshalb wohl? Es ist mir kein Kommentar aus der Entstehungszeit dieser Buchmalerei bekannt. Aber der Maler wollte gewiss eine theologische Aussage machen: Die Auferstehung ist kein Ereignis neben anderen, sie ist etwas ganz besonderes. Die Auferstehung ist kein Vorgang, den man einfach so fassen und objektivieren könnte; mit heutigen Begriffen gesagt, kein Vorgang, den man mit einer digitalen Kamera hätte festhalten können. Es ist ein Ereignis, das alles übersteigt, was wir uns vorstellen können. Und deshalb hat der Buchmaler aus Ehrfurcht vor dem Geheimnis bewusst darauf verzichtet, die Auferstehung und den Auferstandenen darstellen zu wollen.

Das passt gut damit zusammen, dass es ja keine Zeugen der Auferstehung gibt, Zeugen in dem Sinn, dass sie die Auferstehung miterlebt hätten. Diejenigen, die mit Recht Zeugen der Auferstehung genannt werden, sind Menschen, denen der Auferstandene erschienen ist, denen er sich als lebendig gezeigt hat.

Als erster erschien der Auferstandene der Maria von Magdala – wir haben das im heutigen Evangelium gehört. Wenn wir dieses Evangelium auf uns wirken lassen, wird uns bewusst, dass der Glaube an die Auferstehung auch bei Maria von Magdala keineswegs rasch, wie von selbst entstanden ist. Nicht anders als alle anderen Jüngerinnen und Jünger war sie nach dem Kreuzestod ihres Meisters verzweifelt. Alle ihre Hoffnungen waren zunichte gemacht. Sie sah keine Zukunft mehr für sich. Und so ging sie am dritten Tag nach Jesu Kreuzestod am frühen Morgen zum Grab, wahrscheinlich ohne viel zu denken. Sie wollte wohl einfach dort sein, wo Jesus begraben wurde, wollte den Leichnam ein letztes Mal sehen.

Da erlebt sie einen Schreck, als sie sieht, dass der Stein nicht mehr vor dem Grab liegt. Sie meint, jemand habe den Leichnam weggenommen, und eilt zu Petrus und Johannes, um ihnen diese bestürzende Nachricht zu überbringen. Aber die Geschichte mit Maria von Magdala geht weiter. Sie begibt sich wieder zum Grab und weint. Als sie sich in die Grabkammer hinein beugt und da Jesu Leichnam nicht sieht, kommt ein zweiter Schreck für sie: Sie steht plötzlich zwei Männern oder Engeln gegenüber. Das Gespräch mit den beiden hilft ihr nicht weiter, auch nicht das Gespräch mit dem vermeintlichen Gärtner. Erst als Jesus sie anspricht und ihren Namen nennt: Maria!, geht ihr ein Licht auf. Und sie ist nun bereit, vom Auferstandenen einen Auftrag anzunehmen, nämlich zu den Jüngern zu gehen und ihnen zu sagen, was sie erlebt und gesehen hat. Sie geht also zu den Jüngern und verkündet ihnen: Ich habe den Herrn gesehen.

Von da erhielt sie schon in der Alten Kirche den Ehrentitel Apostola

apostolorum, Apostelin der Apostel.
Dies ist in Kürze die Geschichte der ersten Erscheinung des Auferstandenen und der ersten Zeugin der Auferstehung.

Und wie ist es weitergegangen? Darüber erfahren wir einiges in der heutigen Lesung. Es handelt sich um einen Ausschnitt aus einer Predigt des Petrus. Aber eine solche Predigt war nicht sofort möglich. Die Osterbotschaft brauchte Zeit, um in den Jüngerinnen und Jüngern zu wachsen und Fuss zu fassen. Die ersten Christen mussten in ihren Gebeten und in ihren Zusammenkünften zunächst erleben: Jesus ist nicht im Grab geblieben, er ist auferweckt worden, er lebt, er lebt unter uns!
Petrus sagt in seiner Predigt, dass Jesus von den Toten erweckt wurde und darauf zwar nicht dem ganzen Volk, aber vielen Zeugen erschien, nämlich *uns, die wir mit ihm nach seiner Auferstehung von den Toten gegessen und getrunken haben.*
Vorher hat Petrus das Wirken Jesu – wie er Gutes tat und alle heilte – und seinen Tod am Kreuz in kurzen Worten zusammengefasst. Und der Auferstandene hat ihnen den Auftrag gegeben, das dem Volk zu verkündigen und zu bezeugen.
Und es darf angefügt werden, dass diese Predigt des Petrus typisch ist für die urchristliche Predigt.

Und jetzt machen wir einen gewaltigen Sprung von Maria von Magdala und ihrem Zeugnis und Petrus und der Predigt der Urkirche in die heutige Zeit und zu uns selber.
Ostern hört nicht mit dem Ostersonntag auf. Ostern geht weiter. Was kann und was soll die Osterbotschaft in uns bewirken? Wir sagen manchmal, und auch in einigen liturgischen Gebeten ist es so formuliert: Wir sollen als österliche Menschen leben – ja sicher, aber das ist ziemlich abstrakt und unbe-

stimmt. Was heisst es ganz konkret und für uns selber, als österliche Menschen zu leben?
Etwas näher an die gesuchte Antwort kommen wir mit der Frage: Was mache ich, was machen Sie mit der Osterbotschaft?
Es gibt für die österliche Hoffnung, den österlichen Glauben keinen Weg am Alltagsleben und am Kreuz vorbei. Die uns im Osterglauben geschenkte Hoffnung wird in vielen kleinen Auferstehungsschritten konkret: wo immer Liebe, Solidarität, Eintreten für Frieden und Gerechtigkeit gewagt werden, wo an der Überwindung von Gewalt gearbeitet wird, wo Versöhnungsschritte getan werden, usw.
Es geht darum, dass wir als österliche Menschen leben, indem wir Tag für Tag solche kleine Auferstehungsschritte wagen, und dann erfahren wir auch immer wieder neu: Jesus lebt in meinem und in unserem Leben.

Amen.

2. Sonntag der Osterzeit A Apg 2,42-47 Joh 20,19-29

Würden wir einen Katalog der Menschheitswünsche aufstellen, so stünde gewiss die Sehnsucht nach Frieden ganz oben. Wohl alle Menschen sehnen sich nach Frieden, im Kleinen in der Familie, in der Schule, am Arbeitsplatz; in den mittleren Bereichen zwischen Arbeitgebern und Arbeitnehmern, zwischen Jung und Alt, zwischen Stadt und Land usw. und im Grossen zwischen den Völkern. Im Kontrast - man könnte wohl auch sagen, in Entsprechung - zu dieser Friedenssehnsucht ist der Friede überall vielfältig gefährdet. Gerade in der heutigen Zeit scheint mir der Friede gefährdet wie schon lange nicht mehr. Denken wir nur an die Ukraine, an Syrien und Palästina. Entsprechend hat auch Papst Franziskus in seiner Osteransprache eindringlich zum Frieden aufgerufen.

So will ich dieses Jahr am heutigen 2. Ostersonntag nicht über den berühmten ungläubigen Thomas predigen, der im heutigen Evangelium an prominenter Stelle vorkommt, sondern über den Frieden als Gabe des auferstandenen Herrn.

Jesus, so haben wir im heutigen Evangelium gehört, trat am Osterabend in die Mitte seiner Jünger und entbot ihnen den Friedensgruss: Friede sei mit euch, Schalom alechem. Das war der gängige Gruss, aber es steckt sehr viel darin:

Schalom bezeichnet das ganzheitliche Wohlbefinden, materielles und geistiges Gedeihen, sowohl des Einzelnen wie der Gemeinschaft. Schalom meint aber auch das gute Verhältnis innerhalb der Familie, von Gruppierungen und Völkern. Und selbstverständlich bezeichnet Schalom auch das intakte Miteinander von Gott und Mensch.

Dieser umfassende Schalom ist das, was der Auferstandene den Jüngern zuspricht.

Vielleicht kann ein Blick auf die *Pax Romana,* den *römischen Frieden,* uns verdeutlichen, was der *Friede Christi* bedeutet. Im 1. Jahrhundert hatten die Römer alle Völker des Mittelmeerraums unterworfen, und über Gallien und Germanien erstreckte sich ihr Reich bis ins heutige England. Die Römer sprachen dann von der Pax Romana, wenn sie den Unterworfenen plausibel machen wollten, dass die Zusammenfassung der vielen Völker unter ihrer Herrschaft ihnen allen doch den ersehnten Frieden gebracht habe. Tatsächlich herrschte Friede im römischen Weltreich, zumindest während langer Perioden. Aber es war ein auferlegter Friede, der vom Starken aufgezwungen wurde und von den Unterdrückten wohl kaum je als Beglückung erfahren wurde.

Das Konzept der Pax Romana ist ein untaugliches Friedensprojekt, weil es auf Unrecht und Unterdrückung beruht. Entsprechend hält ein solcher Friede nur so lange, als die Unterdrückten nicht in der Lage sind, gegen ihre Unterdrückung aufzubegehren und ihr Joch abzuschütteln.

Im 20. Jahrhundert hat man oft von der *Pax Americana* gesprochen, dass nämlich die Vereinigten Staaten mit ihrer Macht, nicht zuletzt mit ihrer Militärmacht, den Frieden gesichert haben, wie man gerne gesagt hat und wie es oft auch der Fall war. Diese Friedenssicherung bestand aber faktisch oft darin, korrupte Regierungen zu unterstützen, Befreiungsbewegungen zu unterdrücken und ähnliches. Diese negativen Seiten der Pax Americana, wie sie den USA immer wieder vorgehalten wurden, sind sicher einer der Gründe, weshalb Präsident Obama angesichts der Volksbewegungen in den arabischen Staaten und ihrer oft rücksichtslosen Unterdrückung eher zurückhaltend reagiert hat und dass er jetzt in der Ukraine kaum über verbale Drohungen gegenüber Russland hinausgeht. Die USA wollen nicht wieder als Weltpolizist in Erscheinung treten.

Das Besondere am Frieden, wie ihn der Auferstandene den Jüngern zuspricht, ist, dass die grosse, weltumspannende Versöhnung darin eingeschlossen ist, die Jesus durch seinen Tod am Kreuz für das Leben der Welt bewirkt hat.
Es ist also nicht so, dass Jesus als der Mächtige seinen Frieden in irgendeiner Form uns aufdrängen würde, sondern vielmehr so, dass er den Preis seines Lebens dafür bezahlt hat und den Frieden uns anbietet. Sein Friede ist also nicht mit Unrecht und Unterdrückung verbunden, sondern mit Liebe und Versöhnung und Freiheit.
Und Jesus hat diesen Frieden nicht einfach den elf Jüngern geschenkt, die ihn hätten für sich behalten können, sondern er hat eine Sendung damit verknüpft: Als er den Friedensgruss ein zweites Mal aussprach, fügte er an: Wie mich der Vater gesandt hat, so sende ich euch. Und: Empfangt den Heiligen

Geist, vergebt einander die Sünden. Der Friedensgruss war also verknüpft mit dem Auftrag, die Sündenvergebung, die Versöhnung zu üben.
Den ersten Jüngern wurde also die Gabe und die Botschaft des Friedens und der Versöhnung anvertraut, dass sie diese Botschaft weitertragen und weiterschenken.

In den Lesungen aus der Apostelgeschichte, die wir immer wieder in der Osterzeit, hören, spiegelt sich etwas wider von der Sendung der ersten Jünger, und damit verbunden von ihrer Freude, die sie dazu brachte, mutig für ihren Glauben einzustehen und die Lebendigkeit des Christus zu bezeugen.
Der heutige Abschnitt der Apostelgeschichte zeichnet uns ein Bild von der Jerusalemer Urgemeinde: Sie bildeten eine Gemeinschaft und hatten alles gemeinsam. Sie verharrten einmütig im Tempel und hielten miteinander Mahl in Freude.
Es ist anzunehmen, dass dieses Bild mehr Ideal als Wirklichkeit ist, wie andere Abschnitte der Apostelgeschichte und manche Paulusbriefe es nahelegen. Aber auch als Idealbild zeigt es deutlich, wie die ersten Christen in der Nachfolge Jesu die Liebe und den Frieden und die Einheit untereinander anstrebten.
Jesu Leben und Sendung war gekennzeichnet durch Liebe, Frieden und Versöhnung. Folglich muss das Leben der Jüngerinnen und Jünger auch so sein. Und das gilt auch für uns heute, wenn wir als österliche Menschen in der Nachfolge des auferstandenen Herrn leben wollen: geprägt von Liebe, Friede, Versöhnung. Amen.

3. Sonntag der Osterzeit C Apg 5,27-41 Joh 21,1-14

Gütiger Gott! Lass die österliche Freude in uns fortdauern!
So haben wir im heutigen Tagesgebet gebetet. - Was bedeutet das? Um auf diese Frage eine Antwort geben zu können, muss ich ein wenig ausholen und auch zurückblenden.

I Das heutige Evangelium gibt uns einen Einblick, wie der Osterglaube bei den ersten Jüngern, den ersten Christen entstanden ist.
Die Szene vom wunderbaren Fischfang und der Begegnung mit dem Auferstandenen steht im 21. Kapitel des Johannesevangelium. Am Schluss von Kapitel 20 findet sich bereits eine Abschlussformel; das 21. Kapitel wurde also später angefügt, als ein Nachtrag. Aber vermutlich handelt es sich um sehr alte Traditionen, die da angefügt wurden.
Aus dieser Szene geht hervor, dass mindestens die sieben hier genannten Apostel nach der Enttäuschung vom Karfreitag Jerusalem verliessen und in ihre Heimat Galiläa zurückkehrten. Also etwas Ähnliches wie das, was im Lukasevangelium von den zwei Emmausjüngern berichtet wird, die sich von Jerusalem in ihren Heimatort Emmaus begaben.
In der Tat war die Enttäuschung der Anhänger Jesu gross: Sie hatten geglaubt, er sei der Messias, und hatten gehofft, er werde dem Volk Israel Befreiung und Erlösung bringen. Aber er war zum Tod verurteilt worden und hatte am Kreuz einen schmachvollen Tod erlitten. Alles schien aus und fertig.
Die sieben Jünger im Evangelium von heute kehrten in ihre Heimat Galiläa zurück und nahmen ihren angestammten Beruf als Fischer wieder auf.
Da gesellt sich eines Morgens ein Unbekannter zu ihnen, und nach einiger Zeit geht ihnen auf, dass ER es ist, Jesus, ihr Herr und Meister, der sich ihnen auf diese Weise als lebendig offenbarte und der sie durch den aussergewöhnlichen Fischfang, den sie auf sein Wort hin machten, ermutigte.

II Ja, und wie hat sich diese Begegnung mit dem Auferstandenen ausgewirkt, wie ist es mit den Aposteln und der Frohbotschaft von Jesus weitergegangen, wie hat sich der Osterglaube bemerkbar gemacht?
Dies wird uns in verschiedenen Variationen in der Apostelgeschichte vor Augen geführt, in der Apostelgeschichte, der praktisch alle ersten Lesungen in der Osterzeit entnommen sind.
In der heutigen Lesung haben wir einen Teil der Auseinandersetzung der Apostel mit dem Hohen Rat in Jerusalem gehört. Die Apostel haben im Tempel gepredigt. Sie wurden verhaftet und nach einer Ermahnung und einem Predigtverbot freigelassen. Sie aber verkündeten weiter die frohe Botschaft. Eine kurze Zusammenfassung ihrer Predigt findet sich auch im heutigen Abschnitt: Der Gott unserer Väter hat Jesus auferweckt, den ihr ans Kreuz gehängt und ermordet habt (5,30)
Das trifft die Autoritäten sehr, denn sie waren es ja gewesen, die Jesu Verurteilung durch die römische Besatzungsmacht betrieben hatten.
In dieser Predigt steckt tatsächlich ein Vorwurf, aber noch mehr ist sie auch jetzt noch - oder jetzt erst recht - eine frohe Botschaft. Die Predigt der Apostel fährt ja fort: Der Auferstandene, der jetzt als Herrscher und Retter an der Seite Gottes sitzt, will dem Volk Israel die Umkehr und die Vergebung der Sünden schenken (5,31).
Den Aposteln wird vom Hohen Rat erneut eingeschärft, nicht im Namen Jesu zu predigen. Aber sie halten sich jetzt so wenig an dieses Verbot wie vorher. Ihre Begründung: *Man muss Gott mehr gehorchen als den Menschen* (5,29).

III Jetzt können wir uns der Frage stellen, was es für uns heute bedeuten kann, die österliche Freude fortdauern zu lassen, worin der Osterglaube besteht und was es heissen könnte, als österliche Menschen zu leben.
Es heisst: Glauben, dass Er lebt. Und dies ist ein freudiger Glaube, denn er besagt: Der Tod Jesu am Kreuz war nicht das Ende, Gott hat ihn auferweckt. Durch seinen Tod hat er uns das Leben geschenkt.

Jesus lebt, er ist mit uns, wir dürfen ihm auch heute begegnen.
Nicht nur in der Eucharistiefeier, was die Erstkommunionkinder unserer Pfarrei vor einer Woche zum ersten Mal erleben durften; eine Begegnung, die uns allen in jeder Eucharistiefeier angeboten ist. Sondern es heisst auch, in unserm Alltag, in unserm täglichen Leben ihn erkennen, ihn als lebendig erfahren; denn er ist mit uns, auch wenn wir das nicht immer spüren, manchmal nur mit Mühe oder erst im nachhinein - wie die Jünger nach dem wunderbaren Fischfang oder wie die beiden Emmausjünger.
Wenn wir auf diese Weise als österliche Menschen zu leben versuchen, bezeugen wir damit unsern Glauben an Jesus Christus und an seine Macht über den Tod und an seine fortdauernde Gegenwart. Dieser Glaube wird immer wieder angefochten von aussen durch Menschen, die sich dadurch provoziert fühlen, die uns von unseren Entscheidungen und Lebenshaltungen abbringen möchten. Aber auch für uns gilt, was die Apostel vor dem Hohen Rat gesagt haben: Man muss Gott mehr gehorchen als den Menschen.

Aber auch von innen her ist unser Osterglaube immer wieder angefochten, von unseren Zweifeln, unserer Angst, unserer Mutlosigkeit.

Aber es gilt, was ein alter Osterruf ausspricht: Christus ist erstanden. Halleluja. Er hat den Tod bezwungen. Halleluja.
Und so wollen wir uns nochmals mit dem Tagesgebet an Gott wenden:
Gütiger Gott, lass die österliche Freude in uns fortdauern! Amen.

5. Sonntag der Osterzeit A 1 Petr 2,4-9 Joh 14,1-6

Das ganze Johannesevangelium ist eine grosse Jesus-Meditation und Jesus-Reflexion, also ein gläubiges Nachdenken über Jesus, über das, was er für uns getan hat und über das, was er für uns zu bedeuten hat. Ganz besonders gilt dies für diejenigen Kapitel, die man Jesu Abschiedsreden nennt. Sie stehen im Johannesevangelium zwischen dem Letzten Abendmahl und dem Leiden und Tod Jesu; im Kirchenjahr werden sie zwischen den Festen Ostern und Christi Himmelfahrt gelesen. Im heutigen Evangelium haben wir einen Teil der Abschiedsreden Jesu gehört, und in meiner Predigt möchte ich nicht den Versuch unternehmen, eine Systematik zu entfalten mit schönen drei Punkten, wie man es früher gern getan hat, sondern ganz einfach einiges aus diesen Sätzen des Evangeliums herausgreifen und mit Ihnen nachmeditieren.

14,1 Euer Herz sei ohne Angst. Glaubt an Gott und glaubt an mich!
Angst kann man nicht verbieten, Vertrauen nicht befehlen. So, als könnte man sagen: Jetzt hör endlich auf, Angst zu haben! Haben Sie mehr Gottvertrauen! - Nein, so geht es nicht. Angst kann man niemandem verbieten, auch nicht sich selber.

Aber wir können doch etwas tun gegen die Angst und für das Vertrauen bei andern und bei uns selber. *Glaubt an Gott!* Wir können unsere Aufmerksamkeit auf positive Dinge richten, auf das, was Gott für uns getan hat, auf das, was Christus uns verheisst. Er sagt:

14,2 Im Haus meines Vaters gibt es viele Wohnungen..
Im Bild des Wohnens, der Heimat, der Sehnsucht nach Geborgenheit ist hier vom ewigen Leben die Rede. Nach seinem irdischen Leben ist Jesus hingegangen, uns einen Platz zu bereiten. Das ist doch wirklich etwas, worauf wir bauen können, was uns die Angst nehmen kann.

..viele Wohnungen..
Es steht uns kein Eintopfgericht bevor, keine Gleichmacherei; es erwartet uns kein uniformiertes Glück, sondern jeder Mensch wird die ihm entsprechende Lebensform finden, jede und jeder wird ihr und sein Glück erlangen; im Bild: eine der vielen Wohnungen wird ihm zustehen.

In der heutigen Lesung findet sich eine sehr schöne Ergänzung zu diesem Bild von den Wohnungen, die Christus uns bereithält. Im 1. Petrusbrief wird uns gesagt: Diese Wohnung wird uns nicht einfach fixfertig, gleichsam schlüsselfertig von Christus zur Verfügung gestellt, sondern wir dürfen daran mitbauen, ja wir sind sogar ein Teil dieses Hauses, als lebendige Bausteine. Christus ist der Eckstein, heisst es da, und an uns ergeht die Aufforderung: *Lasst euch als lebendige Steine zu einem geistigen Haus aufbauen.*

Also: Jede und jeder wird geborgen sein und an ihrem und seinem Glück selber mitbauen.

Wichtig ist auch der folgende Satz:

14,3 ..damit auch ihr dort seid, wo ich bin.

Über alle Einzelheiten hinaus, wie wir uns den Himmel immer wieder vorzustellen suchen, obwohl wir keine Einzelheiten darüber wissen, wird uns da gesagt: Das Wesen des ewigen Lebens, des Himmels besteht in der ewigen Christusgemeinschaft, im Zusammensein mit Jesus bei Gott.

Mit Recht werden diese Verse oft bei Gottesdiensten für Verstorbene genommen, formulieren sie doch in hervorragender Weise die Verheissungen Jesu über den Tod hinaus. Sie sagen uns: Im ewigen Leben sind wir geborgen in den Wohnungen des Vaters und geniessen das ungetrübte Glück des Zusammenseins mit Christus.

14,5+6 Thomas fragt: *Herr, wir wissen nicht, wohin du gehst. Wie sollen wir da den Weg kennen?*

Darauf antwortet Jesus: *Ich bin der Weg und die Wahrheit und das Leben.*

Dies ist eine der grossen Ich-Aussagen Jesu im Johannesevangelium.

In der Geschichte von der Auferweckung des Lazarus, die zwei Wochen vor Ostern gelesen wird, sagt Jesus: *Ich bin die Auferstehung und das Leben.* Da sind die Auferstehung eines jeden und das wahre Leben mit Jesus Christus miteinander verknüpft, so wie im heutigen Evangelium das ewige Leben und die Gemeinschaft mit Christus verknüpft sind: *damit auch ihr dort seid, wo ich bin.*

An den Werktagen der vorigen Woche wurde die Brotrede Jesu gelesen mit den Aussagen: *Ich bin das Brot des Lebens, Ich bin das lebendige Brot.*

Und am letzten Sonntag wurde uns gesagt: *Ich bin der Gute Hirt.*
Heute also: *Ich bin der Weg und die Wahrheit und das Leben.*
Der Weg: Er ist unser Erlöser, er führt uns zum Heil, zum Glück, zum wahren und ewigen Leben.
Für uns Menschen ist der Weg zu Gott möglich, weil in Jesus Gott selbst zum Menschen gekommen ist und damit den Weg gebahnt hat.
Zugleich steckt darin ein Hinweis auf unseren Glauben: Wenn Jesus selbst der Weg ist, dann ist auch der Glaube als menschliche Antwort auf die Offenbarung als 'Weg' zu verstehen. Der christliche Glaube, unser Glaube, ist etwas Lebendiges, das nicht ein für allemal gemacht ist, sondern das auf dem Weg unseres Lebens sich verändert und sich entwickelt.
Die Wahrheit Wenn Jesus sagt *Ich bin die Wahrheit,* ist die Grundbedeutung davon: Die Verlässlichkeit, Treue, Wahrheit Gottes begegnet uns in Jesus Christus. Im Umgang mit Jesus und seiner Botschaft begegnen wir der befreienden Wahrheit und Wirklichkeit Gottes.
Das Leben. Hier wäre zu wiederholen, was ich vorhin schon gesagt habe über die Verknüpfung unseres ewigen Lebens mit Jesus Christus. Er ist das Leben und schenkt uns das Leben, und das Glück dieses uns verheissenen und geschenkten Lebens besteht ganz wesentlich darin, dass es Leben *mit ihm* ist.
Prägnant zusammengefasst ist dies im 2.Synodenhochgebet der Schweiz:
Er ist der Weg - auf diesem Weg gelangen wir zum Vater.
Er ist die Wahrheit - sie allein macht uns frei.
Er ist das Leben und erfüllt uns mit Freude. Amen.

6. Sonntag der Osterzeit A 1 Petr 3,15-18 Joh 14,15-21

Am 12. Februar des Jahres 304 standen in Karthago in Nordafrika 49 Christen vor Gericht. Der Richter stellte ihnen die Frage: Warum habt ihr euch - entgegen dem kaiserlichen Befehl - am Sonntag zum Gottesdienst versammelt? Ihre Antwort darauf: Weil wir ohne das Mahl des Herrn nicht leben können. - Darauf wurden sie verurteilt und hingerichtet.

Was uns an diesen Christen imponiert und vielleicht auch beschämt, ist die hohe Wertschätzung, die sie dem sonntäglichen Gottesdienst, der Feier der Eucharistie, entgegenbrachten. Wir können ohne das Mahl des Herrn nicht leben, bekannten sie vor dem Richter. Wir fragen uns, ob wir bereit wären, Unannehmlichkeiten auf uns zu nehmen, um am Sonntagsgottesdienst teilnehmen zu können, ja mehr als Unannehmlichkeiten: Nachteile und Verfolgung.

So sind wir schon beim zweiten Punkt angelangt. Was uns dieses Beispiel aus der Zeit der Christenverfolgungen blitzlichtartig vor Augen führt, das hat sich auf vielfältige Weise immer wieder abgespielt - das passiert auch noch heute - blutig oder unblutig: Christen sitzen auf der Anklagebank wegen ihres Glaubens!

Die Bedrängnis der Christen in der frühen Kirche war oft die unmittelbare Bedrohung durch staatliche Verfolgung, wie bei den 49 Märtyrern von Karthago. Wir heute in der Schweiz sind eher bedrängt durch die Glaubens-Not vieler Menschen, manchmal vielleicht auch durch die eigene Glaubensnot und nagende Zweifel.

Und da hören wir in der heutigen Lesung die Aufforderung des 1. Petrusbriefs: Seid stets bereit, jedem Red und Antwort zu stehen, der nach der Hoffnung fragt, die euch erfüllt.

Die heutige Zeit ist zwar wie schon gesagt mehr durch Gleichgültigkeit geprägt als durch christenfeindliche Angriffe. Aber es gibt auch heute genug

Leute, die suchen; die uns fragen, woraus wir leben, worauf wir unser Vertrauen setzen, die eben nach der Hoffnung fragen, die uns erfüllt.
Die einen tun dies staunend-bewundernd, andere eher vorwurfsvoll, und wir fühlen uns dann gleichsam auf der Anklagebank: Wie könnt ihr für diese Welt eine Frohe Botschaft verkünden angesichts der täglichen Schreckensnachrichten von überallher? Nur zwei Beispiele seien genannt: Die unerhörten Ueberschwemmungen in Bosnien und Serbien und der Einsturz des Hochhauses in der nordkoreanischen Hauptstadt, das zahlreiche Menschen unter sich begraben hat. Oder wir werden vorwurfsvoll gefragt: Wo kommt ein „befreiender Geist“ zum Durchbruch bei all den kleinkarierten Streitereien unter euch? Ja, was antworten wir auf solche und ähnliche vorwurfsvolle Fragen? Wie geben wir Rechenschaft von unserer Hoffnung?
Ich meine, zunächst brauchen wir gar nicht viel zu reden. Es kommt in erster Linie darauf an, dass wir versuchen, auf Jesu Leben und Vorbild zu schauen und unser Leben danach auszurichten. Jesus ist mit uns Menschen den Weg gegangen, hat mit-geweint mit den Trauernden, mit-gegessen mit den Hungrigen und mit-gestritten gegen die Selbstsicheren. Und er ist für uns den Leidensweg gegangen bis zum Tod am Kreuz.
So sollen wir uns also nicht verstecken mit unserem Christenglauben, unserer Hoffnung, sondern stets bereit sein, Red und Antwort zu stehen, wenn uns jemand nach der Hoffnung fragt, die uns erfüllt.

Gebt Rechenschaft von der Hoffnung, die euch erfüllt. Auf diese Aufforderung folgt in der heutigen Lesung - Sie haben das wahrscheinlich bemerkt - die Ermahnung: *antwortet bescheiden.*
Ich meine, das ist auch sehr wichtig: Wir haben auch als gläubige Menschen nicht Antworten auf alle Fragen und Lösungen für alle Probleme. Und wir haben keinen Grund, auf andere herabzuschauen und sie geringzuschätzen. Vom eigenen Glauben überzeugt sein und zugleich tolerant sein - das war nie

eine leichte Sache und ist gerade heute in Zeiten eines verbreiteten Fundamentalismus alles andere als leicht und ist doch sehr wichtig.
Wir versuchen in aller Bescheidenheit auf das Vorbild Jesu Christi zu schauen und aus seiner Kraft zu leben und das auch zu bezeugen.

Die heutige Lesung und das heutige Evangelium haben mehr miteinander zu tun, als es auf den ersten Blick scheinen mag.
In den Abschiedsreden sagt Jesus, er lasse uns nicht als Waisen zurück, vielmehr sende er uns seinen Beistand, den Geist der Wahrheit, der bei uns und in uns bleibt; der uns in alle Wahrheit einführt und uns Mut macht. Und so frage ich: Wie könnten wir Rede und Antwort stehen und unsere Hoffnung bezeugen ohne den Geist Christi, den Geist des Vaters, der in uns wirkt ?

Der Geist, der Beistand - wie er im heutigen Evangelium genannt wird - er steht uns bei, er hält die Hoffnung in uns wach, die Hoffnung, dass Gott durch die gekreuzigte und auferstandene Liebe seines Sohnes uns für immer zum Heil und zum Glück führen wird.

Amen.

Christi Himmelfahrt B   Apg 1, 1-11   Mk 16,15-20

Vor einiger Zeit ist mir in der Zeitung eine Todesanzeige in die Augen gesprungen. Links oben war ein Fallschirm abgebildet, daneben standen die zwei Zeilen: „Oft ist er vom Himmel gesprungen - nun hat er den umgekehrten Weg genommen.“
Zunächst habe ich es originell gefunden, wie da der nicht alltägliche Beruf dieses Menschen - er war Fallschirm-Instruktor gewesen - mit seinem Sterben und Tod und dem christlichen Glauben in Verbindung gebracht wurde.

Aber dann sind mir Bedenken gekommen, ja eigentlich mehr als Bedenken, ich muss dagegen Einspruch erheben. Es handelt sich da nämlich um ein Missverständnis, allerdings um ein sehr verbreitetes. Der Himmel, aus dem der Mann mit dem Fallschirm abgesprungen ist, ist nicht der gleiche Himmel, in den er nach dem Tod gemäss dem christlichen Glauben und der christlichen Hoffnung eingegangen ist.
Aus dem gleichen Missverständnis heraus wurden Raumfahrer nach ihrer Rückkehr aus dem Weltall gefragt, ob sie da oben, im Himmel, Gott oder wenigstens Engel gesehen hätten.
Im Englischen gibt es für diese zwei Arten von Himmel zwei verschiedene Wörter. Der physikalisch-astronomische Himmel heisst *sky,* der Himmel als Ort oder Zustand der Vollendung heisst *heaven*. Aber ich weiss nicht, ob die englischsprachigen Christen dank dieser Unterscheidung von sky und heaven weniger Mühe haben, das Festgeheimnis von Christi Himmelfahrt zu verstehen als wir.

Ja, was feiern wir denn eigentlich heute an Christi Himmelfahrt?
Das heutige Fest hängt eng mit Ostern zusammen. Da feiern wir, dass Gott ein Gott des Lebens, der Lebendigen ist, dass er Jesus vom Tod auferweckt hat, dass also Jesus auch nach seinem Tod am Kreuz lebt, ja auf eine ganz neue Art und Weise lebt; wir feiern also Jesu Sieg über Sünde und Tod.
Der letztgenannte Aspekt steht beim heutigen Fest im Vordergrund: Wir feiern Jesus als Sieger und Herrscher, thronend zur Rechten des Vaters im Himmel. So drücken wir es im apostolischen Glaubensbekenntnis aus: aufgefahren in den Himmel, er sitzt zur Rechten Gottes, des allmächtigen Vaters. Ganz ähnlich - und viel kürzer als in der Apostelgeschichte - heisst es im heutigen Evangelium: Jesus, der Herr, wurde in den Himmel aufgenommen und setzte sich zur Rechten Gottes.
Wir könnten also mit guten Grund das heutige Fest als ein Christkönigsfest bezeichnen, das schon viele Jahrhunderte lang gefeiert wurde, bevor im Jahr

1925 das Christkönigsfest eingeführt wurde, das seit 1970 am letzten Sonntag des Kirchenjahres gefeiert wird.

Im Bewusstsein vieler Gläubiger ist die Vorstellung lebendig, dass mit Christi Himmelfahrt etwas zu Ende geht, und das stimmt auch: die irdische Gegenwart Jesu ist endgültig vorbei.

Aber noch viel mehr markiert Christi Himmelfahrt einen Anfang, und zwar in mehrfacher Hinsicht:

den Anfang der Herrschaft Christi, also das, wovon ich eben vorhin gesprochen habe

dann aber auch den Anfang unserer persönlichen Hoffnung und Sehnsucht. Das beim-Vater-Sein Christi ist ja auch uns verheissen. So haben wir im Tagesgebet gesprochen:

Schenke uns das feste Vertrauen, dass auch wir zu der Herrlichkeit gerufen sind, in die Christus uns vorausgegangen ist. Und in der Präfation des heutigen Festes wird gesungen: *Er kehrt zu dir heim, nicht um uns Menschen zu verlassen, er gibt den Gliedern seines Leibes die Hoffnung, ihm dorthin zu folgen, wohin er als erster vorausging.*

Am Schluss der heutigen Lesung aus der Apostelgeschichte steht die Frage: *Ihr Männer von Galiläa, was steht ihr da und schaut zum Himmel empor?* Das klingt wie ein Vorwurf und eine Anweisung: Weicht mit euren Gedanken nicht in den Himmel aus. Hier auf Erden ist euer Leben und eure Aufgabe.

Denn besonders wichtig ist Christi Himmelfahrt als Anfang der Sendung der Jünger, der Sendung der Kirche. Ganz kurz und bedeutungsschwer steht es am Schluss des heutigen Evangeliums: *Sie aber zogen aus und predigten überall. Der Herr stand ihnen bei und bekräftigte die Verkündigung durch die Zeichen, die er geschehen liess.*

Diese Sendung der Jünger setzt gerade nicht ein Weggehen des Herrn voraus - Himmel bezeichnet wie gesagt nicht einen geographischen Ort -, sondern setzt eine neue Gegenwart voraus: *Der Herr stand ihnen bei und bekräf-*

tigte ihre Verkündigung. Die 'Bewegung' des Auferstandenen geht nicht von der Erde fort - wie es oft dargestellt wird -, sondern kommt als Herrschaft und Sendung im Geist gerade neu auf die Erde und ihre Geschichte zu.

Weil 'Himmelfahrt' uns nicht mehr so viel sagt wie früheren Generationen und dieser Begriff auch leicht missverstanden werden kann, würden wir vielleicht besser sagen: An diesem Fest geht es um *Jesu Heimkehr zum Vater*, wobei wir aber nicht vergessen dürfen, was ich in meiner Predigt bis jetzt formuliert habe: Mit Jesu Heimkehr zum Vater ist nicht ausgesagt, dass er uns im Stich lässt. Es sind im Gegenteil zwei wichtige Tätigkeiten für uns damit verbunden: Er bereitet für uns eine Wohnung - und statt 'Wohnung im Himmel' sage ich jetzt bewusst: 'eine Wohnung beim Vater'. Und er ist zweitens auch hier und jetzt bei uns und mit uns.

Amen.

7. Sonntag der Osterzeit A Apg 2,12-14 Joh 17,1-11

I Das heutige Evangelium lässt uns einen Blick tun auf das Beten Jesu.
Es ist der Anfang des sogenannten Hohenpriesterlichen Gebets. Im Johannesevangelium stehen zwischen Abendmahl und Passion die Abschiedsreden und das Abschiedsgebet Jesu, das auch Hohepriesterliches Gebet genannt wird.

Zwei Aussagen über das Beten Jesu möchte ich aus dem heutigen Evangelium herausgreifen. Denn wir dürfen da das Beten Jesu gleichsam mit-hören, das ja eigentlich nicht für die Öffentlichkeit bestimmt ist.
1. Jesu Gebet als Verherrlichung des Vaters

Vater, ich habe dich auf der Erde verherrlicht und das Werk zu Ende geführt, das du mir aufgetragen hast. Jesus und sein Lebensweg ist das eine „Werk Gottes". Jesu Lebensaufgabe, sein Auftrag bestand darin, den Willen des Vaters zu erfüllen.

Meine Speise ist es, den Willen dessen zu erfüllen, der mich gesandt hat, und sein Werk zu Ende zu führen, so heisst es an anderer Stelle im Johannesevangelium (4,34).

Und dieser Auftrag, diese Treue zum Willen des Vaters hat ihn zur Hingabe seines Lebens geführt, zum Tod am Kreuz. So erinnert dieses Wort *Ich habe das Werk zu Ende geführt* an Jesu letztes Wort am Kreuz *Es ist vollbracht.* -

Vater, ich habe dich auf der Erde verherrlicht entspricht der ersten Vaterunser-Bitte: Geheiligt werde dein Name und dem ganzen 1.Teil des Vaterunser: Geheiligt werde dein Name. Dein Reich komme. Dein Wille geschehe.

Es ist also das Beten darum, dass die Menschen an Gott den Vater glauben, ihm vertrauen, nach ihm ihr Leben ausrichten.

2. Jesu Gebet als Eintreten für die Menschen

Sie haben wirklich erkannt, dass ich von dir ausgegangen bin, und sie sind zu dem Glauben gekommen, dass du mich gesandt hast. Für sie bitte ich.

Jesu ganzes Leben und Sterben war für uns, zu unserem Heil; so auch sein Beten: für das Heil der Menschen, dass sie gerettet werden, dass sie das ewige Leben erlangen.

Darin eingeschlossen sind alle Anliegen und Nöte von uns Menschen. So entspricht dieses Beten Jesu dem 2. Teil des Vaterunser: den Bitten um das tägliche Brot, um Vergebung der Schuld, um Erlösung vom Bösen.

Wir sehen also, dass dieses Abschiedsgebet Jesu dem Vaterunser entspricht und dass Jesu Beten, auch wenn es aus seiner ganz besonders innigen und einzigartigen Einheit mit dem Vater hervorgeht, doch auch Vorbild und Modell für unser eigenes Beten sein kann.

II Die heutige Lesung aus der Apostelgeschichte zeigt uns, wie die Urgemeinde gebetet hat.
Auch über ihr Beten will ich zwei Dinge herausheben.
Die Zwölf und andere Jüngerinnen und Jünger, heisst es, kehrten nach der Himmelfahrt Jesu nach Jerusalem zurück.
1. Dort verharrten sie einmütig im Gebet mit Maria, der Mutter Jesu.
Die ersten Jünger Jesu haben gemeinsam gebetet, mit Maria, der Mutter Jesu. Sie hat, als Mutter Jesu, eine einzigartige Stellung in der Heilsgeschichte; so sollen auch wir mit ihr beten, mit ihr uns an den Vater wenden und zugleich das gemeinsame Gebet mit andern Gläubigen schätzen und pflegen.
Sie verharrten „einmütig" im Gebet. Das ist eigentlich erstaunlich, wenn man daran denkt, wie verschiedenartig diese einmütig Betenden waren: die Frauen, die zum Teil unter dem Kreuz ausgeharrt hatten und die ersten Zeuginnen seiner Auferstehung waren; die Apostel, die bei der Gefangennahme Jesu und seiner Kreuzigung sich aus dem Staub gemacht hatten; die Brüder Jesu, die zu seinen Lebzeiten auf Distanz gegangen waren. Diese alle waren einmütig im Gebet beisammen.

2. Sie haben gemeinsam um den Heiligen Geist gebetet.
Sie leben in der Spannung, dass Jesus einerseits sie verlassen hat, nicht mehr so bei ihnen ist wie in seinem irdischen Leben, und dass er anderseits eine ganz neue Weise seiner Gegenwart verheissen hat: Sie können ihn finden im Hören auf die Schrift, im Gebet, in der Eucharistie und eben auch durch seinen Geist.
Wir leben diese Spannung, in der sich die Urgemeinde damals befand, nach in der Vorbereitung auf das Pfingstfest, in der Zeit zwischen Christi Himmelfahrt und Pfingsten. Es ist Ihnen vielleicht auch aufgefallen, dass der heutige Sonntag zahlreiche Anklänge an das Fest Christi Himmelfahrt enthält und dass er in vielfacher Hinsicht auf das Pfingstfest vorausblickt.

Was erwarten wir vom Heiligen Geist? Was dürfen wir nach den Aussagen der Heiligen Schrift von ihm erwarten?
Der Geist lehrt uns beten. Ja noch mehr: Der Geist ist es, der in uns betet, selbst und gerade dann, wenn wir meinen, wir brächten kein Gebet zustande. So steht im Römerbrief (8,26): *Der Geist steht uns in unserer Schwachheit bei. Wir wissen ja nicht, was rechtes Beten ist. Da tritt der Geist mit seufzendem Flehen für uns ein, das sich gar nicht in Worte fassen lässt.*
Der Geist lehrt uns erkennen, was wir tun sollen, er macht uns aufmerksam auf das Wort Gottes, er hilft uns, das Wort Gottes herauszuhören aus den vielen Stimmen und Geräuschen, die an unser Ohr dringen, es zu unterscheiden von anderen Worten, die uns in die Irre führen würden, die nicht dem Willen des Vaters entsprechen.

Mit Maria und allen Heiligen und mit unseren Mitchristen beten wir um den Heiligen Geist, dass er in uns wirke: Komm Heiliger Geist, erleuchte uns, bete du in uns, damit wir mit Jesus Christus den Weg zum Vater finden.

Amen.

Pfingsten 1 Kor 13, 4-8 Joh 20, 19-23

Jean-Paul Sartres Drama „Huis Clos“ = „Bei geschlossenen Türen“ gewährt uns einen ungewohnten, aber aufschlussreichen Zugang zum Gehalt von Pfingsten.
I. In einem schäbigen Hotelzimmer lässt Sartre drei Menschen, zwei Frauen und einen Mann, auf immer zusammenleben, ob sie wollen oder nicht. Sie können nicht weg, denn die Türen sind verschlossen. Sie halten in der ersten Zeit Ausschau nach einem Henker, der sie mit den altbekannten Höllenqualen (Feuer, Schwefel, usw.) peinigen würde. Aber es zeigt sich keiner. Schliess-

lich kommt eine der Frauen zur Einsicht: *Der Henker - das ist jeder von uns für die beiden andern. (S. 20)*

Sie sind einander völlig ausgeliefert. Sie gehen einander auf die Nerven, bald durch inquisitorisches Ausfragen, weshalb der andere an diesem Ort des Grauens gelandet sei, bald durch provokatives Schweigen. Mit immer wechselnden Allianzen gehen sie gegeneinander vor: die beiden Frauen gegen den Mann, der Mann bald mit der einen, bald mit der andern Frau gegen die andere.

Schliesslich fasst der Mann am Schluss das Ganze so zusammen: *Also, dies ist die Hölle. Niemals hätte ich geglaubt...Ihr entsinnt euch: Schwefel, Scheiterhaufen, Bratrost ... Ach, ein Witz! Kein Rost ist erforderlich. L'enfer, c'est les autres = Die Hölle, das sind die andern.* (S. 42)

Weshalb erzähle ich Ihnen das in meiner Pfingstpredigt? Weil ein paar Linien von da zu Pfingsten gezogen werden können. Zunächst besteht eine gewisse Ähnlichkeit mit dem Anfang des Pfingstevangeliums, wo es heisst, die Jünger seien hinter verschlossenen Türen zusammengekommen. Bei näherem Zusehen sind allerdings die Unterschiede beträchtlich:

Die Jünger haben die Türen selber verschlossen, und zwar aus Furcht vor den Juden. Und sie werden bald aus diesem verschlossenen Raum herauskommen, nämlich nachdem Jesus zu ihnen gekommen ist und ihnen Mut zugesprochen hat.

In „Huis Clos" dagegen haben die drei Menschen die Türen nicht selber verschlossen, sondern sie sind eingesperrt, und ihr Aufenthalt in dem Raum ist auch nicht vorübergehend, sondern auf Dauer; das ist für sie die Hölle.

Ich werde später nochmals auf dieses Drama von Sartre zurückkommen. Doch jetzt möchte ich mich dem 2. Teil meiner Predigt zuwenden.

II. Es ist Ihnen vermutlich aufgefallen, dass ich eine Lesung ausgewählt habe, die zwar sehr bekannt ist, die Sie aber sehr wahrscheinlich noch nie an Pfingsten gehört haben. Ich jedenfalls habe sie noch nie in einer Pfingstpredigt verwendet. Ich möchte diese Lesung, das sogenannte Hohelied der Liebe aus dem 1. Korintherbrief, in Beziehung setzen zu Pfingsten und zum Heiligen Geist.

An Pfingsten fragen wir ja: Was sind die Gaben des Geistes? Was bewirkt der Geist Gottes in uns, wenn wir uns ihm öffnen, wenn wir ihn in uns wirken lassen?

Und wir sagen auch zurecht: Der Geist Gottes ist der Geist der Liebe. Und so könnten wir die ganze Lesung, das ganze Hohelied der Liebe, abwandeln und nicht sagen: Die *Liebe* ist langmütig, gütig, usw., sondern: Eine *Christin*, die sich vom Geist Gottes leiten lässt, ist langmütig, ist gütig, ereifert sich nicht. Sie handelt nicht ungehörig, sucht nicht ihren Vorteil, lässt sich nicht zum Zorn reizen, sie trägt das Böse nicht nach.

Ein Christ, der sich vom Geist Gottes leiten lässt, freut sich nicht über das Unrecht, sondern freut sich an der Wahrheit. Er erträgt alles, glaubt alles, hofft alles, hält allem stand.

Der Heilige Geist lehrt uns das Rechte tun, sagen und bekennen wir. Mit andern Worten, der Heilige Geist lehrt uns, die Liebe in unserm Alltag zu leben, in all den kleinen und manchmal doch so schwierigen Entscheidungen und Bewährungen des täglichen Zusammenlebens.

Diese Lesung wird oft für die kirchliche Trauung gewünscht, und dies mit gutem Grund, denn es ist ein wunderschöner Text über die Liebe. Aber ich sage dann jeweils: Der heilige Paulus hat dabei nicht oder nicht in erster Linie an die Liebe von Frau und Mann gedacht, sondern an die Liebe zu allen Menschen, mit denen ich zu tun habe. Wenn mir jemand auf die Nerven geht, dann muss sich die Liebe wirklich bewähren, ob sie auch dann noch langmütig und gütig ist, sich nicht zum Zorn reizen lässt usw.

III. Ich möchte mich jetzt nochmals dem Drama „Bei geschlossenen Türen“ zuwenden und fragen, inwiefern jene Handlung als ein Gegenbild gesehen werden kann zum Christentum und besonders zu Pfingsten.

Das Drama ist geprägt durch das Eingeschlossensein - das ist auch im Titel ausgesprochen - , durch ein Gefühl der Enge und der Ausweglosigkeit, die auch für den Zuschauer schwer auszuhalten sind.
Was wir an Pfingsten zu leben versuchen, ist gerade das Gegenteil: die Öffnung, das Aufeinander-Zugehen; Öffnung gegenüber Gott und seinem Geist und Öffnung auf unsere Mitmenschen hin.
Sartres Drama wird trefflich zusammengefasst durch die Aussage: Die Hölle, das sind die andern. Wenn wir hingegen die Liebe verwirklichen könnten, wie ich sie im 2. Teil meiner Predigt skizziert habe, dann könnten wir im Gegenteil sagen: Der Himmel auf Erden, das sind die andern.
Selbstverständlich ist mir auch klar, dass es mir nicht gelingt, und auch meinen Mitmenschen nicht, die Liebe so vollkommen zu verwirklichen, dass der Himmel auf Erden entstehen würde. Die Wirklichkeit, auch im Verhältnis zu unsern Mitmenschen, ist irgendwo dazwischen: zwischen Hölle und Himmel auf Erden.
Aber es gilt: Je mehr wir alle uns vom Geist Gottes leiten lassen, je besser wir die Liebe verwirklichen, desto weniger sind wir für unsere Mitmenschen die Hölle, und desto weniger sind sie für uns die Hölle; desto eher können wir sagen: Der Himmel auf Erden, das sind die andern. Amen.

Dreifaltigkeit A Ex 34,4-9 Joh 3,16-18

Es war einmal ein König, der Gott sehen wollte. Er drohte allen Weisen und Priestern seines Reiches schwere Strafen an, wenn es ihnen nicht gelänge, ihm Gott zu zeigen. Als alle schon verzweifelten, kam ein Hirte; er führte den König auf einen freien Platz und deutete Richtung Sonne und sagte zum König: Sieh hin! Sofort senkte der König geblendet den Kopf und rief entrüstet: Willst du, dass ich blind werde? Aber König, erwiderte der Hirte, die Sonne ist

doch nur *ein* Ding der Schöpfung, ein schwacher Abglanz der Grösse und Herrlichkeit Gottes. Wie willst du ihn selber sehen und aushalten können? (W.Hoffsümmer, 255 Kurzgeschichten, S.52)
Diese kleine Geschichte ist ein gutes Bild für unser menschliches Bemühen, Gott zu sehen und zu begreifen, und besonders den dreifaltigen Gott, den wir heute feiern. Aber in meiner heutigen Predigt zum Fest der heiligsten Dreifaltigkeit möchte ich gar nicht die Gefahr eines solchen Erblindens auf mich nehmen und noch weniger sie Ihnen zumuten, also nicht danach fragen, was der dreieinige Gott in sich ist, sondern danach, was das Geheimnis des dreieinigen Gottes für unser Glauben und Leben bedeuten kann.

Es wird uns oft gesagt, wir sollten Gott nachahmen, so unmöglich das im Grunde ist. Wenn wir uns Gott als einsamen Vater im Himmel, vielleicht sogar als grossen, alten Mann vorstellen, werden wir ihn anders nachzuahmen versuchen, als wenn wir im Innersten überzeugt sind, dass unser Gott ein lebendiges WIR, ein ewig liebender Dialog ist zwischen Vater, Sohn und Geist. Dann werden wir ihn so nachahmen, dass wir Menschen des Dialogs zu werden versuchen.
In Gott leben in unvorstellbarer Einheit wunderbare Unterschiede, ohne Unter- und Überordnung. Wenn dieser Gott unser Vorbild ist, bedeutet das: Wir müssen unsere Unterschiede annehmen und ernst nehmen und versuchen, mit unseren bleibenden Unterschieden miteinander in einen Dialog zu treten.
Weil wir allzu sehr im Banne eines starren Ein-Gott-Glaubens gefangen sind, denken wir oft: Ideal wäre es, wenn wir alle gleich wären, alle die gleichen politischen, religiösen und philosophischen Vorstellungen hätten. Das aber ist ein Irrtum. Wenn wir alle gleich wären, wären wir ärmer: Eine Anhäufung identischer Wesen wäre unendlich langweilig in ihrer unendlichen Gleichheit! Unsere Unterschiede machen unseren Reichtum aus, sofern diese Unterschiede Anlass zum Dialog und nicht Quelle des Streites werden.

Als der Geist Gottes am ersten Pfingstfest, der Geburtsstunde der Kirche, die Jüngerinnen und Jünger mit neuem Leben erfüllte, da fingen diese an, in verschiedenen Sprachen zu reden, und doch wurden sie von allen verstanden. Einheit in der Vielfalt ist eine der wichtigsten Gaben des Geistes Gottes.

Wenn Gott gleich ursprünglich Vielfalt und Gemeinschaft ist, so sind wir nur dann Abbild dieses Gottes, wenn wir unsere Differenzen positiv sehen. Sie dürfen nicht einfach zum Verschwinden gebracht werden, indem wir einander gleichschalten, sei es mit physischer Gewalt, mit moralischem Druck oder psychologischen Tricks. Wir sind nur dann ein Bild Gottes, wenn wir resolut dafür kämpfen, dass die heute noch Gekrümmten und Ausgebeuteten (Arme, Farbige, Asylsuchende, Arbeitslose, Frauen u.a.) wahrhaft freie Menschen werden.

Als Christen sind wir folglich aufgefordert, jede Unterdrückung, jeden Machtmissbrauch zu bekämpfen. Was das für unsere Praxis in Kirche und Gesellschaft bedeuten könnte, sei an einigen Beispielen stichwortartig illustriert.

Mann und Frau sind nicht einfach komplementär, also einander ergänzend, wie man gelegentlich behauptet (auch der Storch und der Frosch sind komplementär; allerdings sagt das nur der Storch!), sondern Mann und Frau sind *verschieden,* aber *gleichwertig,* weil der Mensch Bild Gottes ist als „Mann und Frau“ (Gen 1,27). Diese gleichwertige Verschiedenheit müsste jede Diskriminierung der Frau in Kirche und Gesellschaft theologisch unmöglich machen.

Einheimische und Ausländer. Dass wir als Schweizer unsere Unterschiede gegenüber den Arbeitskräften und Asylsuchenden aus fernen Ländern so gerne betonen, ist verständlich. Trinitarische Menschen sind wir aber erst dann, wenn wir gleichzeitig auch die Gleichwertigkeit zwischen uns und den Fremden ernst nehmen. Würden wir den Fremden, der verschieden ist von uns, auch als gleichwertig anerkennen, so würden wir ihn als Bereicherung sehen und nicht als Bedrohung empfinden.

Die Pfarrei als Abbild des dreieinigen Gottes. Die Last einer Pfarrei darf nicht nur auf den Schultern eines einzelnen ruhen; es darf auch nicht einer allein das Sagen haben (und alle anderen nur das „Nicken“.) In einer trinitarischen Pfarrei soll vielmehr jede und jeder die je verschiedenen Gaben und Erfahrungen einbringen zum Aufbau eines lebendigen Ganzen. Oder im Geiste des Apostels Paulus gesprochen: Die eine kann gut singen; ein anderer hat die Gabe, eine Fürbitte spontan zu formulieren; eine dritte hat die Fähigkeit, mit Kindern einen Gottesdienst zu gestalten, ein vierter hat ein spezielles Gespür, wie man behinderte Kinder im Glauben unterweist; eine fünfte hat die Gabe, mit Alkoholikern und Drogenabhängigen umzugehen; ein sechster kann es gut mit Kranken und Sterbenden usw. Und nun sagt Paulus: Diese verschiedenen Gaben, Talente und Charismen sind den einzelnen gegeben zum Aufbau einer vielgestaltigen Gemeinschaft - Abbild des dreieinigen Gottes.

Zusammenfassend: Wir könnten also zu unseren andersartigen Mitmenschen und Mitchristen sagen: Weil du anders bist als ich, will ich dich nicht bekämpfen wie früher oder dich einfach nur neben mir dulden, weil die Machtverhältnisse mir keine andere Wahl lassen, oder bloss freundschaftlich neben dir leben. Vielmehr wollen wir, ohne unsere kulturellen Unterschiede aufzuheben, in einen geschwisterlichen Dialog eintreten und miteinander leben zugunsten der grösseren Wahrheit und damit zu unserer und der Welt Bereicherung.

Wir brauchen uns als Christinnen und Christen über das Geheimnis der Dreieinigkeit nicht den Kopf zu zerbrechen - dieses Geheimnis soll angebetet, nicht zerredet werden -, wohl aber sollen wir in der Praxis, wie ich es angedeutet habe, trinitarische Menschen werden und als solche leben.

Amen.

2. Sonntag im Jahreskreis A Jes 49,3.5-6 Joh 1,29-34

Ich weiss nicht, ob es Ihnen ähnlich geht wie mir: Ich finde, die Weihnachtszeit geht irgendwie zu schnell vorbei, nicht nur in den Geschäften und auf den Strassen und Plätzen, wo sie fast schlagartig aufhört - allerdings auch viel zu früh begonnen hat -, sondern auch in der Liturgie, in den Gottesdiensten: Vergangene Woche, nach dem Fest der Taufe Christi, hat die Zeit im Jahreskreis begonnen, heute ist zum ersten Mal wieder ein Sonntag im Jahreskreis. Sie sehen das auch an der grünen Farbe des Messgewands.

Allerdings, oder zum Glück, stellt der heutige Sonntag gleichsam eine Brücke dar zwischen der Weihnachtszeit und der Zeit im Jahreskreis. weil die Lesung und das Evangelium des heutigen Sonntags entsprechende Themen enthalten.

Die Lesung aus Jesaja bringt Themen zur Sprache, die uns aus dem Advent vertraut sind. Und das heutige Evangelium spricht von der Taufe Jesu, nach dem Evangelisten Johannes; vor einer Woche, am Fest der Taufe des Herrn, nach dem Evangelisten Mathäus. So werden am heutigen Sonntag auch Themen von Epiphanie, Erscheinung des Herrn, aufgenommen.

Die Lesung ist ein Gottesknechtlied aus Jesaja: die Verheissung eines Knechtes, der schon im Mutterleib berufen war, an dem Gott seine Herrlichkeit zeigen will.

Die frühen Christen haben in diesem geheimnisvollen Gottesknecht einen Hinweis auf Jesus Christus gesehen, der diese Verheissungen in seinem Leben und Wirken erfüllt hat. In der Adventszeit begegnen wir jedes Jahr besonders vielen Texten aus Jesaja.

An Epiphanie, Erscheinung des Herrn, ist gegenüber Weihnachten das Besondere, dass die Weisen aus dem Morgenland an der Krippe angelangt sind, um dem neugeborenen König zu huldigen. Diese drei Könige, wie sie

bald verstanden wurden, gehörten nicht dem Volk der Juden an, sie kamen von weit her. Bald hat man in ihnen Vertreter der ganzen Menschheit gesehen - einer als Schwarzer, als Afrikaner, manchmal, wenn auch nicht so häufig, einer aus China usw. Manchmal hat man dieselbe Idee auch so dargestellt, dass einer der Könige ein junger Mann war, einer in den besten Jahren und einer ein Greis. Die drei Könige stellen also augenfällig dar, dass das Heil, das durch Jesus in unsere Welt gekommen ist, für alle Menschen gilt, allen zugedacht ist: allen Völkern und allen Lebensaltern.
Das ist auch das, was am Schluss der Lesung steht: Die Berufung des Gottesknechtes bestehe nicht bloss darin, die Stämme Jakobs wieder aufzurichten und die Verschonten Israels heimzuführen, sondern *Ich mache dich zum Licht für die Völker, damit mein Heil bis an das Ende der Erde reicht.*

Das heutige Evangelium ist stark adventlich, weil es uns Johannes den Täufer zeigt, wie er die Menschen auf Jesus hinweist. In der langen Reihe der Propheten, die vom künftigen Messias und Erlöser gesprochen haben, war der Täufer der letzte. Und er konnte nicht nur das Kommen des Messias in einer näheren oder weiteren Zukunft ankündigen, sondern er konnte sagen: Er ist schon da, er ist mitten unter euch, Seht, da ist er. Und so heisst es im heutigen Evangelium über ihn, dass er Jesus auf sich zukommen sah und sagte:
Seht, das Lamm Gottes, das die Sünde der Welt hinwegnimmt.
Dieses Wort des Täufers ist in unsere Liturgie eingegangen; es weist uns vor der Kommunion auf den hin, der unter uns ist und den wir unter der Gestalt des Brotes empfangen dürfen.
Und im 2. Teil des heutigen Evangeliums bezieht sich Johannes der Täufer auf die Taufe Jesu. Das Fest der Taufe Jesu gehört zum Festgeheimnis der Erscheinung des Herrn, weil Jesus in der Taufe den Menschen erschienen ist, weil er offenbar wurde, als der geliebte Sohn des Vaters, der vom Heiligen Geist erfüllt ist.

Jesu Taufe wird im Johannesevangelium nicht direkt berichtet wie in den drei andern Evangelien, wohl aber bezieht sich der Täufer darauf. Er sagt, dass er Jesus noch nicht kannte, aber als er ihn taufte, wurde er ihm offenbar:
Ich sah, dass der Geist vom Himmel herabkam .. und auf ihm blieb.
Das habe ich gesehen, und ich bezeuge: Er ist der Sohn Gottes.
Das war die Berufung und der Lebensinhalt von Johannes dem Täufer. Das gleiche gilt im Grund für uns:
Ihn, Jesus Christus, als Sohn Gottes, als unsern Erlöser und Herrn, bezeugen und anerkennen und unser Leben nach ihm ausrichten.

Amen.

3. Sonntag im Jahreskreis B Jona 3,1-5 Mk 1,14-20

Die beiden Schriftlesungen von heute handeln im Grund vom gleichen, von der Umkehr, der Bekehrung.
Die heutige Lesung aus dem Buch Jona ist nur ein kleiner Teil der Jona-Geschichte. Besonders bekannt ist, dass Jona vor dem Auftrag, den ihm Gott erteilt hatte, davonlief und übers Meer flüchtete, von einem grossen Fisch verschluckt und dann an Land gespien wurde.
Hier setzt unsere heutige Lesung ein. Nachdem Jona wieder an Land ist, erhält er von Gott den Auftrag, Ninive, die grosse Stadt, zur Umkehr aufzurufen. Alle denken, auch Jona selber, diese Busspredigt würde erfolglos bleiben. Aber das Unerwartete und Erstaunliche geschieht. *Die Leute von Ninive glaubten Gott. Sie riefen ein Fasten aus, und alle, Gross und Klein, zogen Bussgewänder an. Und Gott sah ihr Verhalten; er sah, dass sie umkehrten und sich von ihren bösen Taten abwandten. Da reute Gott das Unheil, das er ihnen angedroht hatte, und er führte seine Drohung nicht aus.*

Hier endet die heutige Lesung. Aber ich will noch kurz erzählen, wie es weitergegangen ist.
Man würde annehmen, Jona habe sich über den erstaunlichen Erfolg seiner Busspredigt gefreut. Aber das Gegenteil war der Fall. Er sah zwar auch, dass die Menschen sich bessern wollten. Aber er dachte: Sie sollen dennoch sterben. Es geschieht ihnen recht. Gott soll jetzt tun, was ich gepredigt habe. Ganz Ninive soll er vernichten.
Jona konnte nicht begreifen, dass Gott den Leuten von Ninive gnädig war, nachdem sie sich bekehrt hatten. Man könnte sagen, er ärgerte sich über die Güte und Barmherzigkeit Gottes.
Die Leute von Ninive bekehrten sich. Dafür zeigt sich am Schluss, dass Jona selber am meisten eine Bekehrung nötig hatte. Wir können uns vorstellen, wie Gott den Jona angesprochen hat (obwohl das so nicht in der Bibel steht): Sind dir die vielen Menschen in Ninive gleichgültig? Soll ich ihnen nicht vergeben und ihr Leben retten? Hörst du mich, Jona? Bin ich dein Diener – oder bin ich ein Gott, der als Retter zu allen Menschen kommt?
Niemand weiss, was Jona geantwortet hat. (Für den Schluss der Jonageschichte folge ich R.Schindler, Mit Gott unterwegs, S.146).

Im Evangelium haben wir gehört, wie der Evangelist Markus die Predigt Jesu ganz kurz zusammenfasst: *Kehrt um und glaubt an das Evangelium!*
Also ähnlich wie bei den Leuten von Ninive ging es um Bekehrung, um Umkehr. Aber während von den Leuten von Ninive gesagt wird, alle, Gross und Klein, hätten sich bekehrt, wird hier keine unmittelbare Reaktion auf Jesu Predigt berichtet. Ich denke, das ganze Evangelium zeigt die Reaktion der Menschen: Viele hörten auf Jesu Botschaft und bekehrten sich, aber bei weitem nicht alle.
Im heutigen Evangelium wird aber im Anschluss an Jesu Predigt eine besondere Form der Umkehr berichtet, die Nachfolge Jesu. Zwei Brüderpaare, Simon und Andreas sowie Jakobus und Johannes, verlassen ihre Arbeit und

ihre Familie und folgen Jesus nach. Sie werden zu den Zwölf gehören, die nach Jesu Tod und Auferstehung sein Werk weiterführen.
Wenn diese vier Apostel und ihre Nachfolger durch alle Jahrhunderte hindurch, und unzählige andere überzeugte Christen nach ihnen, die Botschaft Jesu nicht vorgelebt und weitergegeben hätten, wären wir jetzt nicht hier versammelt, um miteinander Gottesdienst zu feiern, um das zu tun, was Jesus seinen Jüngern vor mehr als 2000 Jahren aufgetragen hat.
Interessant ist auch, wie es Jesus dem Simon und dem Andreas schmackhaft gemacht hat, ihm zu folgen, welche Zukunftsperspektive er ihnen eröffnet hat. Er sagte: *Ich werde euch zu Menschenfischern machen.* Menschen fangen und sie für Christus gewinnen. Gewiss eine verlockende Aussicht. Es liegt in diesem Bild aber auch eine Schwäche und eine Gefahr. Es will ja niemand gegen seinen Willen gleichsam ins Netz gehen, gefangen werden wie ein Fisch im Netz. Wir können vielleicht diesem Einwand so begegnen, dass wir sagen, wir sollten uns nicht mit den im Netz gefangenen Fischen vergleichen, sondern mit dem Menschenfischer, der sich für andere einsetzt und der sie zu überzeugen sucht, aber nicht sie gegen ihren Willen für Christus gewinnen will.

Ein Rückblick auf meine Predigt: Im 1. Teil, dem Jonabuch folgend, geht es um die Bekehrung der Leute von Ninive und die Bekehrung, die Jona selber nötig hat, von der wir aber nicht wissen, ob sie erfolgt ist.
Der 2. Teil, dem Evangelium folgend, handelt von der Bekehrung jener, welche Jesu erste Predigt hörten, die aber gar nicht eigentlich berichtet wird, und von der Bekehrung der ersten Jünger, welche Jesus nachfolgten.
Daran müsste sich eigentlich ein 3. Teil anschliessen: unsere eigene Umkehr und Bekehrung. Die ist zwar äusserst wichtig, aber über die kann ich in meiner Predigt nicht viel sagen, die müssen wir alle in unserem eigenen Leben selber konkretisieren. Amen.

5. Sonntag im Jahreskreis A Jes 58,7-10 Mt 5,13-16

Wir haben heute aus der Bergpredigt die beiden Bildworte vom Salz der Erde und vom Licht der Welt gehört.

Das sind zwar unterschiedliche Bilder, aber wir werden sehen, dass beide auf dasselbe zielen.

Ihr seid das Licht der Welt. Der Grundgedanke dieses Wortes Jesu ist: Wir sollen das Licht, das uns geschenkt ist, ja das wir selber sind, nicht für uns behalten, auch nicht auf einen engen Kreis beschränkt halten, sondern es ausweiten, es vielen Menschen zugute kommen lassen. Unser Licht soll nicht in irgendeinem Loch verborgen bleiben, sondern wie eine Stadt auf dem Berg oder ein Licht auf einem Leuchter weit herum leuchten.

Dies ist am Schluss des heutigen Evangeliums noch eigens betont: *So soll euer Licht vor den Menschen leuchten, damit sie eure guten Werke sehen und euren Vater im Himmel preisen.* Und am Schluss der heutigen Lesung aus dem Propheten Jesaja steht der eindrückliche Satz: Wenn du dich um deine Mitmenschen kümmerst, *dann geht im Dunkel dein Licht auf, und deine Finsternis wird hell wie der Mittag.*

Auf etwas Besonderes möchte ich Sie noch aufmerksam machen.

Der Evangelist Johannes legt grossen Wert darauf, Jesus Christus als das Licht der Welt vorzustellen. Im Prolog zum Evangelium sagt er über ihn: *Das wahre Licht, das jeden Menschen erleuchtet, kam in die Welt* (1,9). Und im 8. Kapitel lesen wir Jesu Selbstzeugnis: *Ich bin das Licht der Welt. Wer mir nachfolgt, wird nicht in der Finsternis umhergehen, sondern wird das Licht des Lebens haben* (8,12).

Jesus als das wahre Licht. Wie kann er dann zu den damaligen Jüngern - und damit auch zu uns - sagen: Ihr seid das Licht der Welt?

An der Antwort auf diese Frage können wir etwas sehr Wichtiges sehen, nämlich, was unsere Erlösung und Heiligung konkret bedeutet:

Wir werden nicht nur irgendwie angestrahlt vom göttlichen Licht, sondern wir werden tatsächlich selber auch zu Lichtern. Zwar nicht unabhängig von Jesus Christus, sondern nur durch ihn und in Abhängigkeit von ihm. Aber wir können doch selber Licht werden und Licht sein.

Das kommt in der Liturgie und ihrer Lichtsymbolik bei mehreren Gelegenheiten zur Darstellung; am schönsten zweifellos in der Lichtfeier der Osternacht: Die Osterkerze stellt Christus dar. Dreimal wird sie beim Einzug in die dunkle Kirche geehrt mit dem Ruf *Lumen Christi - Christus das Licht*. An der Osterkerze werden kleine Kerzen angezündet und an die Mitfeiernden weitergegeben, und das Licht breitet sich aus, bis alle Anwesenden brennende Kerzen in den Händen halten und der Kirchenraum durch das Licht der vielen Kerzen erleuchtet wird. Die Osterkerze allein erleuchtet den Raum noch nicht ganz, aber durch alle Kerzen, deren Licht von der Osterkerze herkommt, wird der Raum hell.

Auch bei der Taufe spielt die gleiche Symbolik eine Rolle. Nach der eigentlichen Taufe wird an der Osterkerze, dem Symbol für Christus, die Taufkerze angezündet. Im Fall der Kindertaufe, wie sie bei uns üblich ist, wird die brennende Taufkerze dann nicht dem Täufling übergeben, sondern meistens dem Vater in die Hand gedrückt, mit einer kurzen Ermahnung, die die Symbolik gut zusammenfasst: Liebe Eltern und Paten! Ihnen wird dieses Licht anvertraut. Christus, das Licht der Welt, hat ihr Kind erleuchtet. Es soll als Kind des Lichtes leben.

Und das Lichtfest, das wir vor einer Woche gefeiert haben: Darstellung des Herrn / Mariä Lichtmess, hat uns, am Ende der Weihnachtszeit, Jesus gezeigt als das Licht der Welt, das der greise Simeon begrüsst und preist als das Heil für das Volk und das Licht für die Heiden und über das die Prophetin Hanna zu allen sprach, die auf die Erlösung Israels warteten.

Ihr seid das Licht der Welt. Euer Licht soll vor den Menschen leuchten, damit sie eure guten Werke sehen und euren Vater im Himmel preisen.

Noch etwas über das zweite Bildwort, das vom *Salz der Erde*.
Die Bedeutung des Salzes, besonders jene, die es früher hatte, ist uns im allgemeinen nur wenig bewusst. Wir können sie aber auch noch heute spüren, wenn wir einmal Speisen vorgesetzt bekommen, die aus Versehen überhaupt nicht gesalzen worden sind. 'Fad und ungeniessbar' lautet dann unser Urteil.
Früher, als es noch keine Kühlschränke und Tiefkühltruhen und Kühlhäuser gab, war das Salz auch wichtig als Konservierungsmittel für Fleisch und andere Lebensmittel.
Ein Nachklang der einstigen Bedeutung des Salzes - es wurden sogar Kriege um Salzvorkommen geführt - ist das meines Wissens noch immer bestehende Salzmonopol, das heisst, dass der Staat - in der Schweiz die Kantone - die Förderung und den Vertrieb des Salzes für sich reserviert hat.
Hauptfunktion des Salzes ist also einerseits das Würzen von Speisen, anderseits das Konservieren von Lebensmitteln. Das Salz ist also nie Selbstzweck, sondern immer auf anderes hingeordnet.
Wenn nun wir als Jünger Jesu als Salz der Erde bezeichnet werden, heisst das, dass wir eine Funktion für unsere Mitmenschen, ja für die Erde zu erfüllen haben; das beinhaltet also Sendung und missionarische Dynamik, in unsre Umgebung, in die Welt hinein.
Ihr seid das Salz der Erde. Ihr seid das Licht der Welt. Amen.

6. Sonntag im Jahreskreis A Mt 5,20-22

Wenn eure Gerechtigkeit nicht weit grösser ist als die der Schriftgelehrten und der Pharisäer, werdet ihr nicht in das Himmelreich kommen.

Heute werden wir mit Forderungen aus der Bergpredigt konfrontiert, die zu Recht als Inbegriff von Jesu Lehre gilt, deren Forderungen uns aber auch zu schaffen machen.
Vielleicht denken wir zunächst: die Schriftgelehrten und Pharisäer übertreffen, das dürfte nicht allzu schwer sein. Es ist uns ja ziemlich geläufig, wie schwere Vorwürfe Jesus gegen sie erhoben hat.
Aber aufgepasst! Die Gerechtigkeit der Schriftgelehrten und Pharisäer ist gar nicht so leicht zu übertreffen. Mit Gerechtigkeit ist ja zunächst Gesetzesgerechtigkeit, Gesetzestreue gemeint. Und die Pharisäer hielten sich an die Gesetze und Vorschriften, und zwar sehr genau: Sie fasteten regelmässig, sie gaben peinlich genau 10% ihres Einkommens an den Tempel, sie liessen sich lieber wehrlos niedermetzeln, als den Sabbat zu brechen, sie erlitten Folter und Tod, um ihre Heilige Schrift nicht aufzugeben. Sie liessen sich also die Beobachtung des Gesetzes wirklich etwas kosten.
Und nun kommt Jesus und sagt: Das reicht nicht. *Wenn eure Gerechtigkeit nicht..* Also noch mehr Gebote? Sie noch genauer erfüllen? Noch mehr fasten und opfern als die Pharisäer? Das ist kaum zu machen. In diesem Punkt haben die Pharisäer wirklich das Menschenmögliche geleistet.
Wenn eure Gerechtigkeit.. Das „mehr", das Jesus fordert, meint etwas anderes. Wörtlich übersetzt heisst der Satz: *Wenn eure Gerechtigkeit nicht überfliesst..* Es geht Jesus um etwas anderes, nicht um mehr Gesetze, nicht um ihre exaktere Erfüllung. Es geht ihm um etwas, das auf dem Gesetzesweg gar nicht zu erreichen ist. Es geht ihm um ein „Darüberhinaus", ein „Überfliessen". Jesus will uns zeigen, was Gott eigentlich von uns will, nämlich unser Herz, den ganzen Menschen, er will uns ganz. Die Bergpredigt ist eine Einladung und eine Aufforderung, uns darauf einzulassen.
In den sogenannten Antithesen der Bergpredigt zeigt uns Jesus, was gemeint ist; die Antithesen sind Gegenüberstellungen von bekannten Geboten mit dem, was Jesus von seinen Jüngern, von uns erwartet. Jesu Antithesen wol-

len das Gesetz nicht auflösen, aber sie gehen darüber hinaus. Sie öffnen die Augen und das Herz für die weit grössere Gerechtigkeit.

Die 1. Antithese beginnt so: *Ihr habt gehört, dass zu den Alten gesagt wurde: Du sollst nicht töten.*
Das ist eines der Zehn Gebote, von altersher bekannt. Es ist klar und lebensnotwendig. Es soll nicht abgeschafft werden. Aber seine Grenzen werden sichtbar. Es reicht nicht aus zum Schutz des Lebens. Deshalb geht Jesu Antithese weit über das Gesetz hinaus: *Ich aber sage euch: Jeder, der seinem Bruder oder seiner Schwester auch nur zürnt, soll dem Gericht verfallen sein.*
Das Gebot wird überschritten. Ich gehe dem andern nicht erst dann ans Leben, wenn ich ihn töte, sondern schon dann, wenn ich ihm im Zorn die Gemeinschaft aufkündige oder ihn wie Luft behandle.
Wenn wir einmal auf unsere Sprache achten, können wir erstaunliche oder vielmehr erschreckende Entdeckungen machen. Wir sprechen davon, dass wir jemanden erledigen, fertigmachen, abschiessen, kaltstellen, kaputtmachen. Wir sagen: Der ist für mich gestorben, jener geht über Leichen usw.
Menschen unter uns werden also nicht nur durch physische Gewalt getötet.
Ganz im Sinn dieser Gedanken zur 1. Antithese hat Bert Brecht einmal geschrieben: *Es gibt viele Arten zu töten: Man kann einem ein Messer in den Bauch stechen, einem das Brot entziehen, einen von einer Krankheit nicht heilen, einen in eine schlechte Wohnung stecken, einen durch Arbeit zu Tode schinden, einen zum Selbstmord treiben, einen in den Krieg führen usw. Nur weniges davon ist in unserm Staate verboten.* (Gesammelte Werke, 12, S.466).
Das simple und altbekannte „Du sollst nicht töten“ ist also nicht genug. Deshalb Jesu machtvolles Wort: *Ich aber sage euch: Jeder, der seinem Bruder auch nur zürnt, soll dem Gericht verfallen sein; und wer zu ihm sagt: Du Dummkopf!, soll dem Spruch des Hohen Rates verfallen sein; wer aber zu ihm sagt: Du gottloser Narr!, soll dem Feuer der Hölle verfallen sein.*

Jesus führt die Frage nach Leben und Tod auf ihre Wurzel zurück, auf das Herz. Und da rücken Mord auf der einen und Zorn und Beleidigung auf der andern Seite nahe zusammen. Die Tat beginn bereits mit der Gesinnung. Gerade ängstlichen und gewissenhaften Menschen muss man wohl aber auch sagen, ohne dass man deswegen die Bergpredigt und ihre Forderungen verwässert : Der Gedanke ist nicht schon die Tat. Es kann mir der Gedanke kommen, jemandem Schaden zuzufügen, ja sogar der Gedanke, jemanden umzubringen. „Der Gedanke kommt mir" sagt man mit Recht, weil er zunächst nicht direkt unter meiner Kontrolle und meiner Verantwortung steht. Aber dann kommt es darauf an, wie ich mich weiter verhalte. Ich habe noch die Möglichkeit, zu bremsen, von solchen Gedanken Abstand zu nehmen, mich gleichsam selber zurechtzuweisen und mich zur Ordnung zu rufen. - Wenn ich aber solchen Gedanken in meinem Herzen Raum gebe, damit spiele, mich damit anfreunde, dann kommt nur zu leicht ein Prozess in Gang, der zur Tat führt. Da gilt dann wirklich der Satz: Die Tat beginnt mit der Gesinnung, dem Gedanken. Jesus macht uns darauf aufmerksam und warnt uns: Das Böse kann ganz klein, nach aussen unscheinbar, im Herzen beginnen. Es gilt, ihm von Anfang an zu widerstehen, es gilt, von Anfang an nach der weit grösseren Gerechtigkeit zu streben, die Jesus uns gelehrt und uns vorgelebt hat. Amen.

7. Sonntag im Jahreskreis A Lev 19,1-2,17-18 Mt 5,38-48

Im heutigen Evangelium haben wir die letzte der sechs Antithesen der Bergpredigt gehört: die über die Feindesliebe. Es ist die bekannteste und wohl auch die schwierigste: Wie sollen wir das fertig bringen, unsere Feinde zu lieben?

Doch zunächst möchte ich etwas sagen über den alttestamentlichen Kontext. Dazu regt uns die heutige Lesung aus dem Buch Levitikus an, die ja eigens ausgewählt wurde, damit sie mit dem heutigen Evangelium zusammen gelesen und bedacht wird.
Da sehen wir zum einen, dass das Gebot der Nächstenliebe klar und deutlich formuliert ist, also schon im Alten Testament: *Du sollst deinen Nächsten lieben wie dich selbst.*
Und zum andern, dass die Nächstenliebe im damaligen Verständnis sich nicht auf alle Menschen bezog, sondern auf die Stammesgenossen, auf die Glieder des Volkes. An andern Stellen des Alten Testaments steht allerdings, man solle den Fremdling, der im Land lebt, gleich behandeln wie den Volksgenossen. – Von da ein rascher Blick in unsere Gegenwart: Wie behandeln wir die Ausländer, die in unserem Land leben? Sie bezahlen die gleichen AHV-Beiträge und erhalten die gleichen AHV-Renten. Sie bezahlen die gleichen Steuern.
Aber die Ausländer in unserem Land haben kein Stimm- und Wahlrecht, höchstens in einigen Kantonen auf Ebene der Gemeinden.
Auf beiden Seiten, der Gleichheit und der Ungleichheit, gäbe es sicher noch mehr Beispiele, aber das mag im Moment genügen.

Doch nun zurück zur Antithese und der Feindesliebe. Wie steht es mit der zweiten Satzhälfte: *Du sollst deinen Feind hassen?* Das scheint nicht ganz fair zu sein, denn im ganzen Alten Testament findet sich nirgends ein Gebot, den Feind zu hassen. - Es könnte sein, dass sich dies auf eine Regel der Qumrangemeinde bezieht, in der die Mitglieder der Gemeinschaft aufgefordert werden, *alle Söhne des Lichts zu lieben, .. aber alle Söhne der Finsternis zu hassen.* Mit Söhnen des Lichts meinten sie sich selber und mit Söhnen der Finsternis alle, die nicht zu ihnen gehörten. Da sie zur Zeit Jesu mit rund 4000 Mitgliedern die zweitgrössste Religionspartei des Landes darstellten, kann es gut sein, dass diese Forderung des Feindeshasses bekannt war und dass folglich Jesus in der Bergpredigt dagegen Stellung beziehen konnte.

Nach diesen verschiedenen Präzisierungen und Erläuterungen müssen wir uns nun wirklich dem Gebot der Nächstenliebe, wie es in der Feindesliebe gipfelt, stellen. Es gehört zur weit grösseren Gerechtigkeit, die Jesus uns zumutet.
Beginnen wir mit den Begründungen, die wir in der Bergpredigt lesen. Wir sollen daran denken, heisst es da, dass Gott seine Sonne aufgehen lässt über Bösen und Guten und regnen lässt über Gerechte und Ungerechte.
Mit andern Worten, alle Menschen, die von Gott geschaffen sind, bilden eine grosse Familie, sie sind bei allen Verschiedenheiten grundlegend gleich, mit gleichen Rechten und gleicher Würde. Die Begründung setzt also bei Gott selber an: Ihr sollt eure Feinde lieben, *damit ihr Söhne und Töchter eures Vaters im Himmel werdet, denn er lässt usw.*
Eine grossartige, aber auch sehr anspruchsvolle Begründung: Wenn wir zur Familie des himmlischen Vaters gehören wollen, und wir haben gar keine Wahl, wir gehören dazu, müssen wir uns an seinem Handeln ausrichten.
Und am Schluss des heutigen Evangeliums ist dieser irgendwie erschreckende und uns heillos überfordernde Bezug auf Gott und sein Wesen ganz allgemein und kategorisch formuliert: *Ihr sollt also vollkommen sein, wie es auch euer himmlischer Vater ist,*
Damit wir nicht einfach im Staub versinken vor solchen Forderungen und bloss sagen: Das ist doch unmöglich und völlig utopisch, will ich einen schönen und tiefsinnigen Satz von Hermann Hesse zitieren, der gesagt hat: *Damit das Mögliche entsteht, muss das Unmögliche versucht werden.*
Aber noch wichtiger, als ein treffliches Zitat von Hermann Hesse zu finden, ist es, Menschen zu entdecken, welche die Nächstenliebe und die Feindesliebe in hohem Masse verwirklicht haben.

Ich denke an Martin Luther King, baptistischer Pfarrer und Führer der Bürgerrechtsbewegung in den USA. Das ist zwar ein altes Beispiel – er wurde 1968 ermordet -, aber ich finde es noch immer sehr eindrücklich.
Am Tag nach seiner Ermordung fragte die Tochter Yolanda ihre Mutter: Mami, soll ich den Mann hassen, der meinen Papa umgebracht hat? Nein, Liebes, antwortete Frau King, dein Papa hätte das nicht gewollt.
Zwei Monate vor seiner Ermordung hatte Martin Luther King in einer Predigt über seine Beerdigung gesprochen und gesagt:
„Ich möchte, dass jemand an jenem Tag sagt, dass Martin Luther King versuchte, sein Leben für andere zu geben. Ich möchte, dass jemand an jenem Tag sagt, dass .. Martin Luther King versuchte, seine Nächsten zu lieben..“
Wenn man das am Ende unseres Lebens auch von uns sagen kann, dann hat unser Leben wahrhaft einen Sinn gehabt. Amen.

8. Sonntag im Jahreskreis A Jes 49,14-15 Mt 6,25-33

Vor vielen Jahren hat ein Paar für die kirchliche Trauung diese Stelle aus der Bergpredigt gewünscht, die wir eben gehört haben, mit den Kernaussagen: Sorgt euch nicht um euer Leben. Suchet zuerst das Reich Gottes und seine Gerechtigkeit, und alles andere wird euch dazugegeben. Ich habe mich ein wenig gewundert, denn es ist keiner der klassischen und oft verwendeten Texte, und die Begriffe Ehe und Hochzeit kommen da überhaupt nicht vor, auch von Liebe ist nicht die Rede. Aber noch mehr habe ich mich gefreut. Denn es spricht aus der Wahl dieses Textes eine Haltung heraus, die mich beeindruckt hat.
Mit der Wahl dieses Textes wollten die beiden ihren Vorsatz zum Ausdruck bringen, nicht einfach ein hausbackenes, gut bürgerliches Glück anzustreben

mit Wohlstand, netten Kindern, komfortabler Wohnung und einer angesehenen Stellung. Ihr Vorsatz war es also, zuerst das Reich Gottes und seine Gerechtigkeit zu suchen; also nicht nur und nicht in erster Linie sich um ihr eigenes Wohlergehen zu kümmern, sondern für andere da zu sein, sich für mehr Gerechtigkeit einzusetzen.

Jetzt aber wieder zu uns zurück. Sorgt euch nicht! Ist das nicht eine unmögliche Forderung? Eine Provokation!? Wäre das ein besonders guter Christ, ein hervorragender Befolger der Bergpredigt, der die Vorsorge, die der Staat bietet, ja fordert, ablehnen würde, der sich weigern würde, AHV-Beiträge zu bezahlen, der keiner Krankenkasse beitreten würde, der keine Ersparnisse anlegen würde usw. Das kann Jesus nicht gemeint haben. Zwar gab es solche Sozialwerke zur Zeit Jesu nicht. Aber schon damals bestand die Verpflichtung, für die Zukunft, besonders der Familie, vorzusorgen.

Wie kommen wir da weiter? Ich möchte drei Hinweise geben.

1. Am Schluss des heutigen Evangeliums heisst es, es müsse uns *zuerst* um das Reich Gottes gehen.

Es geht also um den Stellenwert der Dinge, um Prioritäten. Wenn ich Geld und Ehre und Macht in den Vordergrund stelle, bin ich nach biblischer Überzeugung ein Götzendiener, weil ich in meinem Leben anderes an die erste Stelle setze, anderes an die Stelle Gottes setze. Gemäss der prägnanten Formulierung von Martin Luther: „Woran mein Herz hängt, das ist mein Gott." Wir sind da also ganz klar im Bereich des 1. Gebots: Du sollst nur an einen Gott glauben. Du sollst keine fremden Götter neben mir haben.

2. In der Mitte des heutigen Abschnitts steht gleichsam als Motivation der Hinweis auf die Vögel des Himmels und die Lilien des Feldes, die ohne eigenes Sorgen leben. Gott sorgt für sie. Umso mehr für uns Menschen, die wir viel mehr wert sind als Blumen und Vögel.

Und hierher gehört auch die wunderschöne, kurze Stelle aus Jesaja, die wir in der heutigen Lesung gehört haben. Das Volk Israel war im Exil, aus seiner Heimat vertrieben und verschleppt. Es fühlte sich von Gott verlassen und vergessen. Da sagte der Prophet zum Volk: Es kommt doch nicht vor, dass eine Mutter ihr Kindlein vergisst; das ist ja die innigste Verbindung, die zwischen zwei Menschen bestehen kann. Aber selbst wenn sie ihren Sohn vergessen würde, ich vergesse dich nicht - Spruch des Herrn.

3. Schliesslich ein ganz wichtiger Gedanke, der die vorrangige Suche nach dem Reich Gottes ziemlich überraschend mit der Erfüllung unserer irdischen Bedürfnisse verbindet: Auf die Aufforderung *Suchet zuerst das Reich Gottes und seine Gerechtigkeit* folgt nämlich eine grossartige Verheissung: *Dann wird euch alles andere dazugegeben.* ‚Alles andere' ist das, was im Text genannt wird: Nahrung, Kleidung etc., einfach alles Lebensnotwendige.

Da wird uns also gesagt: Wenn es uns gelingt, unsere grossen und kleinen Sorgen des Alltags und auch unserer Zukunft nicht allzu wichtig zu nehmen, wenn wir die Beschäftigung mit ihnen und das Streben nach den entsprechenden Zielen nicht gleichsam zu unserem Lebensinhalt machen, wenn wir bei allen eigenen Sorgen offen bleiben für unsere Mitmenschen, offen auch für Gott, dann dürfen wir immer wieder die Erfahrung machen, dass auch die vielen Anliegen, eben ‚alles andere', in Erfüllung geht, manchmal desto besser, je weniger wir uns krampfhaft und ängstlich darum bemüht haben.

Im Alten Testament findet sich eine wunderschöne Geschichte, die wie eine Illustration dazu ist:

Bald nach seinem Regierungsantritt erschien dem jungen, frisch verheirateten König Salomo im Traum der Herr und liess ihn einen Wunsch aussprechen. Salomo wünschte nicht etwas für sich selber, sondern bat um ein hörendes Herz, um sein Volk gut regieren zu können. Gott freute sich, heisst es im Text, dass Salomo um solches gebeten hat, und nicht um Reichtum oder langes Leben oder gar um den Tod seiner Feinde. - Gott gewährte ihm die Bitte und gab ihm ein verständiges und weises Herz, wie er gewünscht hatte.

Und Gott gab ihm darüberhinaus, was er nicht erbeten hatte: Reichtum und Ehre in überschwänglichem Mass. (1Könige, 3,5-13)
Euch muss es zuerst um sein Reich und um seine Gerechtigkeit gehen; dann wird euch alles andere dazugegeben. *Amen.*

9. Sonntag im Jahreskreis A Mt 7,21-27

Das heutige Evangelium ist der Schluss der Bergpredigt. Es sind da deutlich zwei Teile zu unterscheiden. Zuerst kommt die letzte Mahnung der Bergpredigt, dann die abschliessende Doppelparabel.
Die Abschlussmahnung könnte man so umschreiben: Auf die Praxis kommt es an, oder: Der Tatbeweis.
Zunächst zum Text. *Nicht jeder, der zu mir sagt: Herr, Herr, wird in das Himmelreich kommen, sondern nur, wer den Willen meines Vaters im Himmel tut.*
Wir haben ja oft die Vorstellung, das Christentum (und auch die anderen Religionen) sei eine Glaubenslehre. Als Kinder haben wir im Religionsunterricht das Glaubensbekenntnis gelernt, die Zehn Gebote usw. Wir haben das gelernt, um zu wissen, was wir zu glauben haben, um gute Christen zu werden. Das ist selbstverständlich nicht falsch, aber es ist nur eine Seite, und nicht einmal die wichtigste. An das eben Gesagte anknüpfend, möchte ich sagen: Wir lernen ja die Zehn Gebote nicht, um sie auswendig aufsagen zu können, sondern um sie in die Tat umzusetzen, um danach zu leben. Im Christentum kommt es weniger auf die Theorie an, auf das richtige Wissen, sondern mehr auf die Praxis des Lebens, auf das rechte Tun. *Nicht jeder ..*
Nun findet sich aber in dieser Schlussmahnung der Bergpredigt noch eine Zuspitzung, die besonders die theologischen Lehrerinnen und Lehrer, die Seelsorgerinnen und Seelsorger betrifft. Es könnte sein, steht da, dass ich im Namen Jesu böse Geister ausgetrieben und Kranke geheilt habe, aber trotz-

dem vom harten Ruf Christi *Weg von mir!* getroffen werde, weil ich von ihm nicht gekannt werde, weil ich offenbar die Taten Jesu nur äusserlich und nicht von innen her getan habe, weil ich den Willen des Vaters im Himmel nicht wirklich erfüllt habe.
Eine sehr ernste Mahnung, die in ihrer Zuspitzung besonders die Amtsträger, im Kern aber alle Christinnen und Christen betrifft: *Nicht jeder* ..

Der zweite Teil des heutigen Evangeliums ist die Doppelparabel, die die Bergpredigt abschliesst: vom Haus auf Fels, das dem Haus auf Sand gegenübergestellt wird.
Ähnlich wie in der alttestamentlichen Lesung von heute mit der Verheissung des Segens und der Androhung des Fluches werden wir da am Ende der Bergpredigt vor eine klare Entscheidung gestellt: Wenn wir diese Worte Jesu hören und danach handeln, sind wir wie kluge Menschen, die ihr Haus auf einen Fels bauen. Wenn wir aber diese Worte Jesu hören und nicht danach handeln, sind wir wie unvernünftige Menschen, die ihr Haus auf Sand bauen.
Das Bild dieser Doppelparabel ist sehr einleuchtend: Jeder, der ein Haus baut, weiss, dass er ein solides Fundament braucht, damit das Haus auch „hält". Wirklich unvernünftig wäre es, ein Haus ohne Fundament hinzustellen, auf Sand zu bauen; die Leute würden diesen Bauherrn ganz gehörig auslachen, und er hätte auch bald selber den Schaden. Ein Haus auf gutem Fundament aber lässt sich buchstäblich nicht erschüttern, weder durch die Wassermassen, die bei einem Wolkenbruch heranfluten, noch durch die Stürme, die am Haus rütteln. Das Haus auf Sand dagegen, wenn es den gleichen Widrigkeiten ausgesetzt wird, wird weggerissen, stürzt ein und wird zerstört. - Jeder Hausbau ist ein Sinnbild für unser Leben. Wie das Haus muss auch unser Leben auf festem Grund stehen, wenn es Bestand haben soll. Bei den Widrigkeiten, die das Haus beziehungsweise unser Leben bedrohen, können wir an alles mögliche denken: Ärger, Stress, Streit und Trauer, Selbstzweifel und Glaubenszweifel, Krankheit und Lebenskrise. Wenn unser Leben auf fes-

tem Grund gebaut ist, letztlich auf Christus selber, kann uns nichts davon losreissen, nicht einmal der letzte Sturm, die Todesangst und der Todeskampf.
Ich möchte mit einer Zeile eines bekannten Kirchenliedes schliessen:
Wer Gott, dem Allerhöchsten, traut, der hat auf keinen Sand gebaut.

Amen.

10. Sonntag im Jahreskreis A Hos 6,3-6 Mt 9,9-13

Der erste Teil des heutigen Evangeliums spricht von der überraschenden Bekehrung des Zöllners Matthäus: Wie Jesus zu ihm sagt: *Folge mir nach!* und wie er von seiner Zollstätte aufsteht und Jesus nachfolgt.
Aber nicht darüber möchte ich heute zu Ihnen sprechen, sondern über die Fortsetzung: das Gastmahl und was sich daraus ergibt.
Der Zöllner Matthäus veranstaltet ein Gastmahl, wahrscheinlich im Anschluss an die eingangs berichtete Berufungsszene. Und zu diesem Gastmahl war auch Jesus mit seinen Jüngern geladen, zusammen mit Bekannten des Matthäus, die einfach als Zöllner und Sünder charakterisiert sind. Also Menschen, die von den Frommen der damaligen Zeit verachtet werden. Die Zöllner, weil sie mit der römischen Besatzungsmacht zusammenarbeiten und darüber hinaus als unehrlich gelten, weil sie auch in ihre eigene Tasche wirtschaften. Und die Sünder waren verachtet, eben weil sie Sünder sind.
Pharisäer, die das sahen, fragen die Jünger Jesu vorwurfsvoll: *Wie kann euer Meister zusammen mit Zöllnern und Sündern essen?*
Jesus hört es und antwortet: *Nicht die Gesunden brauchen den Arzt, sondern die Kranken.* Das war eine sprichwörtliche Wendung, die auch ausserhalb der Bibel bezeugt ist. Ein Satz, der die Sendung Jesu genau umreisst. Und Jesus fährt fort: *Darum lernt, was es heisst: Barmherzigkeit will ich, nicht Opfer.* Damit knüpft Jesus an Gedanken der alttestamentlichen Propheten an, wie wir sie von Hosea im Schlusssatz der heutigen Lesung gehört haben. Und Jesus

schliesst seine Rede ab mit dem Satz: *Denn ich bin gekommen, um die Sünder zu rufen, nicht die Gerechten.*

Dieses Zöllnergastmahl ist auch eine zeichenhafte Handlung Jesu, ein sicheres Zeichen für seine Zuwendung zu den Verachteten und Sündern.

Was sagt das alles für uns heute?

Dieses Gastmahl Jesu mit den Sündern und Zöllnern erinnert uns an die Eucharistie und an die christliche Gemeinschaft überhaupt. Gewiss sollen wir uns mühen, nicht zu sündigen. Aber zur christlichen Gemeinschaft gehört es ganz wesentlich, dass Jesus alle einlädt, nicht nur die Frommen und Gerechten, ja dass er für die Geringen und Verachteten und Sünder geradezu eine besondere Sorge und Vorliebe zeigt.

Die Frommen aller Zeiten, nicht nur die im Volk Israel zur Zeit Jesu, neigen dazu, auf andere herabzuschauen, die nach ihrer Meinung oder tatsächlich die religiösen Vorschriften nicht so genau beobachten. Das ist an sich gut begreiflich, aber wir sollten dieser Neigung nicht nachgeben und als Gegengewicht dazu immer wieder das Beispiel Jesu uns vor Augen halten, der gerade nicht bestimmte Gruppen von Menschen von seiner Sorge und Liebe ausgeschlossen hat.

In den Evangelien wird uns berichtet, dass Jesus öfter an Gastmählern teilgenommen hat. Das ist den Menschen aufgefallen, und seine Gegner haben sogar gesagt: „Dieser Fresser und Säufer" (Matthäus 11,29). Und noch mehr haben seine Gegner daran Anstoss genommen, dass Jesus niemanden ausschloss und sich nicht scheute, mit Sündern, mit Ausgestossenen, mit Verachteten zusammenzusitzen und so Gemeinschaft mit ihnen zu halten.

Seine Gegner haben richtig erkannt, dass die Mahlgemeinschaft, die Jesus immer wieder pflegte, unmissverständlich auf sein Erlöserwirken überhaupt hinwies, wo er sich an alle Menschen richtete und wo er im Grunde mit den Frommen mehr Mühe hatte als mit den Armen und Verachteten und Sündern, weil die Frommen oft nicht merken, dass auch sie die Gnade Gottes nötig ha-

ben. Es geht im heutigen Evangelium darum, dass alle dazu eingeladen sind, gerade auch die Blinden und die Lahmen, die Armen und Verachteten.
Und dieses Element ist auch bei der Eucharistie, bei der Gottesdienstgemeinschaft wichtig und lebendig. Die Teilnahme an der Eucharistie ist keine Belohnung für ein besonderes Wohlverhalten. Und es steht uns nicht zu, irgend jemand von dieser Gottesdienstgemeinschaft auszuschliessen, zu der Jesus alle einlädt.
Jesu Ruf ergeht an uns alle. Für eine Kirche, die sich auf Jesus beruft, ist der Tisch, an dem gemeinsam Mahl gehalten wird, zu einem wichtigen Symbol geworden. Um diesen Tisch sitzen die Starken und die Schwachen, die Armen und die Reichen, die Sünder und die Gerechten, denn alle gehören zur Familie Gottes.
Es geht also bei der Eucharistiefeier, die wir auf die Einladung Jesu Christi hin feiern dürfen, nicht nur um unsere eigene innige Verbindung mit Jesus Christus, sondern auch mit meiner Banknachbarin und meinem Banknachbarn, um die Gemeinschaft mit allen andern, die von Jesus zum Gastmahl der Liebe eingeladen sind. Amen.

14. Sonntag im Jahreskreis A Sach 9,9-10 Mt 11,25-30

mit Taufe

Die Ferien rücken näher. Die meisten von uns erwarten viel von den Ferien: Entspannung, Abwechslung, Erholung, Ruhe; kurz, neue Lebensfreude.

Da merken wir auf bei einem Satz, wie wir ihn im heutigen Evangelium gehört haben: *Kommt alle zu mir, die ihr euch plagt. Ich werde euch Ruhe verschaffen.*

Zunächst: So könnte ein Reisebüro werben: Kommt alle zu uns. Bucht bei uns, die ihr unter dem Stress des Alltags leidet. Wir werden für eure Erholung sorgen.

Ferien sind nötig, kein Zweifel: Ausruhen, Abstand gewinnen vom Alltag, zu sich selber kommen, Zeit haben für die andern und auch für sich selber, sich freuen können auch über kleine Dinge, eine Blume, das Plätschern eines Baches usw.

Diese Worte könnten wie gesagt einer Ferienwerbung entnommen sein, aber es sind Worte Jesu, und er zielt eindeutig tiefer damit. Alles, was ich bis jetzt gesagt habe, gilt, ich stehe dazu. Aber eben, Jesus geht tiefer, wie uns insbesondere die Fortsetzung zeigt, die uns eine neue Überraschung bereithält: Unmittelbar an den Satz ‚Ich werde euch Ruhe verschaffen', schliesst die Aufforderung Jesu an: *Nehmt mein Joch auf euch.* Ausruhen und ein Joch auf sich nehmen - Wie passt das zusammen?

Ein Joch hat man Ochsen und Kühen auferlegt, wenn man sie als Zugtiere verwendet hat. Ein Joch ist eine schwere Bürde, eine Last. Im menschlichen Bereich ist das Joch insbesondere ein Bild für das Unterworfensein. So spricht man vom Joch der Tyrannei, davon, ein Volk sei unterjocht worden, oder ähnlich .

Auf dieser Spur kommen wir im Verständnis unseres Evangeliumstextes wohl nicht weiter. Aber wir müssen darauf achten, dass Jesus sagt: *mein* Joch und: *lernt von mir, denn ich bin gütig und von Herzen demütig.* Es geht also darum, sich Jesu Lebensform zu unterwerfen, ihm nachzufolgen. So schliesst sich dieses Evangelium im Grunde an das des letzten Sonntags an, wo es geheissen hat: *Wer nicht sein Kreuz auf sich nimmt und mir nachfolgt, ist meiner nicht würdig.*

Nehmt mein Joch auf euch und lernt von mir, denn ich bin gütig und von Herzen demütig.

Jesus hat bei diesem Wort nicht an Ferien gedacht. Ferien im heutigen Sinn gab es zur Zeit Jesu überhaupt nicht. Aber wir dürfen ruhig von diesem Jesuswort aus an unsere Ferien denken. Und wir wollen dazwischen auch noch einen Blick auf die heutige Lesung werfen.

Das bekannte Adventslied *Macht hoch die Tür..* schildert den König und Messias mit den Worten des Propheten Sacharja, die wir in der heutigen Lesung gehört haben: *Er ist gerecht, ein Helfer wert, Sanftmütigkeit ist sein Gefährt, sein Königtum ist Heiligkeit, sein Zepter ist Barmherzigkeit.* Also ein König, der sich ganz anders verhält als die meisten Könige, die ihre Macht für sich selber, die Mehrung ihres Reichtums und ihres Ansehens einsetzen. Der verheissene König hingegen setzt das Wohl seiner Untergebenen und der ihm Anvertrauten in den Vordergrund.

Ich muss zugeben, dass die Anwendung, die ich jetzt anrege, nicht ganz direkt und lupenrein aus dem Bibeltext sich ergibt, aber sie ist anderseits doch nicht an den Haaren herbeigezogen.

Ich will sagen: In den Ferien muss jeder Mensch etwas von diesem idealen König und Messias lernen und übernehmen. Denn wenn in den Ferien jeder nur für sich selbst Ruhe haben will, womöglich auf Kosten der anderen, dann ist der Misserfolg, der Streit und die Missstimmung schon programmiert. Auch in den Ferien – ja dann erst recht – braucht es Rücksichtnahme, Güte und Selbstlosigkeit; jede und jeder muss selber etwas beitragen zum Gelingen und nicht nur von den andern alles erwarten.

Von Jesus lernen, Nachfolge Jesu. Dem entspricht die grossartige Verheissung: *So werdet ihr Ruhe finden für eure Seele.* Da geht es also um mehr als um Ausschlafen ohne Strassenlärm. Es wird uns Ruhe versprochen für unsere *Seele*, wenn wir Jesu Joch auf uns nehmen.

Man könnte denken und sagen: Wenn jemand getauft wird, nimmt er eine Last auf sich, ein Joch wird ihm auferlegt, das Joch des Christseins in der Nachfolge Jesu.

Das kann man allenfalls sagen, aber bloss im Sinn des heutigen Evangeliums: Das Christsein in der Nachfolge Jesu ist keine drückende Last, eben weil es Jesu Joch ist; er hat es vor uns auf sich genommen und hilft uns beim Tragen. So hat Jesus es gesagt: *Mein Joch drückt nicht, und meine Last ist leicht.*
Und die Taufe auferlegt keine drückende Last, sie ist vor allem ein Geschenk Gottes, ein Geschenk der Gnade, das den Neugetauften sein Leben in Gemeinschaft mit Jesus Christus leben lässt, ja, das ihm Anteil gibt an Jesu Leben. Amen.

15. Sonntag im Jahreskreis A Jes 55,10-11 Mt 13,1-9, 18-23

Vielleicht haben Sie sich auch schon sorgenvoll gefragt, wie es denn um die Botschaft Christi stehe, um ihre Wirksamkeit und Ausbreitung.
Nach rund 2000 Jahren Christentum sind nicht ganz 1/3 der Weltbevölkerung Christen, und die Bevölkerungsstatistiker sagen uns, dass der Anteil der Christen sogar leicht zurückgeht, weil die nichtchristlichen Völker gesamthaft einen stärkeren Bevölkerungszuwachs verzeichnen.
Aber auch in den christlichen Ländern, hier bei uns, stellt sich doch die Frage: Wie viele lassen sich wirklich von der Botschaft Jesu Christi leiten, wie viele von uns können sich ehrlich sagen, dass sie überzeugte Jüngerinnen und Jünger Jesu sind, die entsprechend zu leben suchen?

In einer ähnlichen Situation - Zweifel am Erfolg der Verkündigung - hat Jesus das Gleichnis erzählt, das wir eben gehört haben. Wie ist es möglich, so haben damals manche Menschen gefragt, dass die Juden zwar den Messias

lange und sehnlichst erwartet haben, aber nun nur in geringer Zahl Jesus als Messias anerkennen und ihm Gehör schenken? Unter den herrschenden Schichten findet er nur wenige Anhänger, und auch im breiten Volk ist seine Resonanz nicht überwältigend.
Da erzählt nun Jesus das Gleichnis vom unverzagten Sämann, der aussät, obwohl er genau weiss, dass nur ein kleiner Teil der Saat aufgehen wird; denn einiges fällt auf den Weg, anderes auf felsigen Grund und wieder anderes unter die Dornen.
Um den Sämann und sein Vorgehen zu verstehen, muss man daran denken, dass im Palästina zur Zeit Jesu, anders als bei uns heute, erst nach der Aussaat der Boden umgepflügt wurde.

Zwei Dinge möchte ich diesem Evangelium für uns entnehmen: das eine kommt aus dem Gleichnis selber, das andere bezieht sich auf die Deutung, wie sie im Matthäusevangelium gegeben wird.
1. Der unverzagte, zuversichtliche Sämann

Der Sämann sät aus, obwohl er genau weiss, dass nur ein kleiner Teil der Saat aufgehen und Frucht bringen wird.
Jesus hat die Botschaft verkündet, er hat unermüdlich gewirkt, obwohl er viele Menschen seiner Zeit nicht erreichen konnte, obwohl er viel Ablehnung und Feindschaft erfahren musste. Aber er hat gewusst und darauf vertraut, dass seine Botschaft Fuss fassen und Frucht bringen werde, und zwar reiche Frucht, 30, 60, 100fach. Ganz entsprechend dem, was in der heutigen Lesung aus Jesaja über die Kraft und die unwiderstehliche Wirksamkeit des Wortes Gottes geschrieben steht: Das Wort, das von meinem Munde ausgeht, kehrt nicht erfolglos zu mir zurück, sondern bewirkt, was ich will, und führt aus, wozu ich es sende.
Alle nachfolgenden Generationen von Christen, auch wir heute, haben den Auftrag, das Werk Jesu fortzusetzen, die Botschaft vom Reich Gottes, die Botschaft von der Liebe Gottes zu uns Menschen, weiterzusagen, weiterzu-

tragen, obwohl wir wissen und es Tag für Tag erfahren, dass viele Menschen nicht darauf hören.
Für Eltern kann das beispielsweise ganz konkret werden: Sie streuen den Samen aus, sie sprechen ihren Kindern von Gott, sie versuchen, ihnen ein christliches Leben vorzuleben. Aber manchmal möchten sie verzweifeln. All die Mühe scheint vergeblich zu sein.
Der Sämann im Gleichnis könnte unserer Verzagtheit abhelfen, könnte unsere Zuversicht stärken, zugleich aber auch unsere Bescheidenheit und Gelassenheit: Das Wachstum kommt ja nicht direkt vom Aussäen her. Mehr tun wollen, ungeduldig sein, bringt nicht mehr, ja kann sogar schaden. Der Blick auf den unverzagten Sämann kann uns dazu helfen, unser Leben als Christen mit Zuversicht zu leben, und zugleich im Wissen, dass das Wachstum nicht von uns kommt, also mit rechter Bescheidenheit und Gelassenheit, die sich nicht mehr zutraut und zumutet, als möglich und vom Glauben gefordert ist.

2. Das empfängliche Erdreich

In der Deutung des Gleichnisses ist mehr die andere Seite betont, also nicht die Haltung des Sämanns, dessen, der verantwortlich oder mitverantwortlich ist für die Verkündigung der christlichen Botschaft, sondern das Erdreich, also der Empfänger der christlichen Botschaft.
Es handelt sich also da um eine Mahnung an uns alle, dass wir empfänglich seien, hellhörig für die Botschaft des Evangeliums. Das Hören ist dabei der erste wichtige Schritt. *Wer Ohren hat, der höre*, heisst es am Schluss des heutigen Gleichnisses.
Nach dem Hören kommt der zweite wichtige Schritt: die Anwendung, die Umsetzung ins Leben. Dazu eine kurze Geschichte: Ein Seifenfabrikant sagte zu einem Priester: Das Christentum hat nichts erreicht. Obwohl es schon 2000 Jahre gepredigt wird, ist die Welt nicht besser geworden. Es gibt immer noch Böses und böse Menschen. Der Priester wies auf ein ungewöhnlich schmut-

ziges Kind, das am Strassenrand im Dreck spielte, und bemerkte: Seife hat nichts erreicht. Es gibt immer noch Schmutz und schmutzige Menschen in der Welt. Seife, entgegnete der Fabrikant, wirkt nur, wenn sie angewendet wird. Beim Christentum ist es genauso, antwortete der Priester, es wirkt nur, wenn es angewendet wird. (W.Hoffsümmer, Kurzgeschichten 3, S.59).

Bei der Deutung des Gleichnisses geht es wie gesagt darum, dass wir auf das Wort Gottes hören und es anwenden und es wirken lassen:

dass bei uns der Same nicht wie auf den Weg gestreut ist, das heisst, gar nicht eindringen kann wegen unserer verschlossenen Ohren oder unseres Unverstandes,

dass wir nicht felsiger Grund sind, wo der Same zwar zunächst freudig aufgenommen wird, aber dann doch nicht im Herzen Wurzel fassen kann, weil wir unbeständig sind und bei Schwierigkeiten gleich aufgeben,

dass der Same bei uns nicht in die Dornen gerät, das heisst, von den Sorgen dieser Welt, dem Streben nach Reichtum, erstickt wird,

sondern dass wir guter Boden sind, uns öffnen für das Wort Gottes, die Botschaft Christi, wo immer wir ihr begegnen: in der Verkündigung im Gottesdienst, bei persönlicher Bibellesung, beim Gebet, im Gespräch mit unseren Mitmenschen usw.; dass wir uns der Botschaft Christi ganz öffnen und uns ganz davon durchdringen lassen, damit wir vielfältige Frucht bringen.

Amen.

16. Sonntag im Jahreskreis A Röm 8,26-27 Mt 13,24-30

Am letzten Wochenende haben wir das Gleichnis vom Sämann und der Saat gehört, heute ein verwandtes Gleichnis, das vom Unkraut im Weizen.

Auch in unserer Zeit, die nicht mehr von der Landwirtschaft geprägt ist, ist es nicht schwer zu verstehen, was Jesus mit diesem Gleichnis seinen damaligen

Zuhörern und auch uns heute sagen will. Denn nicht nur die Gartenbesitzer unter uns, wir alle müssen uns herumschlagen mit dem Problem des Unkrauts im Weizen. Wir müssen uns damit abfinden, dass es überall Unkraut gibt, auch im übertragenen Sinn: technisches und menschliches Versagen, Unvollkommenheiten und Schwächen. Und manchmal auch direkt Gemeinheit und Bosheit. Die Welt ist nicht so perfekt, ist nicht so heil, wie wir sie uns immer wieder erträumen. Wir leben nicht im Paradies.
Drei Punkte, die sich aus diesem Gleichnis ergeben, möchte ich Ihnen heute vorlegen.

1. Die Unbegreiflichkeit des Bösen

Als die Knechte im Gleichnis das Unkraut entdecken, fragen sie den Gutsherrn ganz erstaunt: Hast du nicht guten Samen auf deinen Acker gesät?
Auch wir möchten oft so fragen, uns selber oder andere, und manchmal richten wir solch vorwurfsvolle Fragen auch an Gott: Wir haben es doch gut gemeint, wir haben ein gutes Vorhaben begonnen. - Weshalb ist es dann schiefgegangen? Weshalb hat es sich ins Schlechte verkehrt? Gott, wie konntest du das zulassen?
Die Antwort des Gutsherrn: 'Das hat ein Feind von mir getan' lässt eigentlich ebenso viele Fragen offen, wie sie beantwortet.
Weshalb schleicht sich oft das Böse ein, weshalb bekommt das Böse Macht über mich und meine Mitmenschen? Im nachhinein verstehen wir oft uns selber nicht: Wie konnte ich nur so dumm, so unaufmerksam, so rücksichtslos sein?
Mit diesen Gedanken möchte ich Sie nicht dazu verleiten, die eigene Verantwortung für böse Taten auf irgendeine anonyme Macht des Bösen abzuschieben, aber ich möchte Sie hinweisen auf die Unbegreiflichkeit des Bösen, die Unbegreiflichkeit eigentlich jeder Sünde. Die theologische Tradition nennt dies das Geheimnis der Bosheit.

2. Eine Warnung vor Übereifer, der Gute und Böse fein säuberlich scheiden und die Bösen ausrotten will.

Die Knechte im Gleichnis fragen den Gusherrn: Sollen wir gehen und das Unkraut ausreissen? Er entgegnet ihnen: Nein, sonst reisst ihr zusammen mit dem Unkraut auch den Weizen aus. Lasst beides wachsen bis zur Ernte.

Wir fragen manchmal auch: Herr, warum greifst du nicht ein? Weshalb lässt du es zu, dass die Bösen mit ihren bösen Unternehmungen Erfolg haben? Oder wir machen uns selber dran, wie es die Knechte im Gleichnis tun wollten, als geistliche Unkrautvertilger das Böse auszureissen, wo immer wir es zu entdecken meinen.

Aber dagegen steht die klare Weisung des Herrn: Lasst beides wachsen bis zur Ernte! Damit ist gemeint: bis zum Ende der Welt, bis zum Jüngsten Gericht. - Ich glaube, diese Weisung Jesu hat zwei Gründe:

Erstens ist es meist gar nicht so einfach, Gut und Böse fein säuberlich zu unterscheiden. Das gilt schon im Bereich der Pflanzen, wo es gar nicht so klar ist, was Unkraut ist und was nicht; etwas überspitzt könnte man sagen: Dem Lebensfrohen ist jedes Unkraut eine Blume, und dem Griesgrämigen ist jede Blume ein Unkraut. Und schon gar nicht steht es uns zu, unsere Mitmenschen in zwei Kategorien einzuteilen, die Guten und die Bösen.

Und zweitens wäre dies eine Vorwegnahme des Endgerichts, das uns überhaupt nicht zusteht, das ausschliesslich Sache Gottes ist. Jetzt, in dieser Zeit, müssen wir jedem Mitmenschen eine Chance geben, auch die Chance, sich zum Guten zu verändern.

3. Dieses Gleichnis ermutigt uns zur Zuversicht und zur Gelassenheit.

Manche Christen, oft nicht die schlechtesten, sind in pessimistischer Stimmung, machen sich viele Sorgen. Sie sagen sich zum Beispiel: Unsere heranwachsenden und erwachsenen Kinder und Grosskinder gehen nicht mehr zur Kirche, ja sie scheinen überhaupt nichts mehr zu glauben oder dann Dinge, die uns völlig fremd und unverständlich sind; es scheint immer weniger

Solidarität zu geben; die Stärkeren wollen ihre Stellung auf Kosten der Schwächeren behaupten usw., und das Böse scheint überhaupt überhandzunehmen.

Die Lösung dieser Probleme, wenn man da überhaupt von Lösung sprechen kann, liegt jedoch nicht im Übereifer, von dem ich vorhin gesprochen habe. Die fanatischen Weltverbesserer, die Ausrotter des Bösen, die Ketzerverfolger usw. erreichen selten etwas Bleibendes. Sie haben keine Geduld; sie setzen im Grunde sich selber an Gottes Stelle; sie zeigen damit einen Mangel an Glauben, auch wenn sie im Auftrag Gottes zu handeln meinen.

Gewiss müssen wir mit all unsern Kräften uns mühen um die Besserung der Welt und die Eindämmung des Bösen, angefangen bei uns selber. Aber der Erfolg ist nicht unsere Sache, sondern Sache Gottes, der der Herr der Ernte, der Kirche und der Welt ist. Wie im Gleichnis deutlich wird, sind wir aufgerufen zu Geduld, Langmut und Zuversicht. Gott sagt: Lasst alles wachsen bis zur Ernte.

Ich möchte das noch verdeutlichen mit einem Blick auf die schönen Verse des Römerbriefs aus der heutigen Lesung, obwohl diese direkt mit dem Gleichnis nichts zu tun haben. Paulus schreibt da: Wir sind von uns aus gar nicht fähig, richtig zu beten; aber der Geist nimmt sich unserer Schwachheit an und betet in uns und für uns.

Solange wir glauben, wir und wir allein müssten zum Rechten sehen in unserer Familie, in unserem Land, in unserer Kirche, auf der weiten Welt usw., stehen wir auf verlorenem Posten. Wenn wir aber versuchen, mit andern zusammen und vor allem im Eingehen auf Gottes Walten, in aller Bescheidenheit und Gelassenheit etwas zu tun, dann wird unser Beitrag, so klein und unscheinbar er auch sein mag, wichtig und wirksam sein.

Amen.

17. Sonntag im Jahreskreis A 1 Kön 3,5.7-12 Mt 13,44-46

Das Leben bietet uns manchmal völlig unerwartet eine Chance, an die wir nicht einmal im Traum gedacht haben.
So ergeht es dem Mann im heutigen Gleichnis, der plötzlich auf einen grossen Schatz stösst. Wir können an einen Tagelöhner denken, der auf dem Acker eines Bauern arbeitet und der nach dem unverhofften Fund dem erstaunten Bauern den Acker abkauft. Ähnlich verhält es sich mit dem Kaufmann und der Perle.
Mit dem Himmelreich ist es wie mit diesem Schatz, wie mit dieser kostbaren Perle, sagt Jesus. Das Reich Gottes, die Nachfolge Jesu lohnt jeden Einsatz, lohnt die vollständige Hingabe. Wir denken da vielleicht an manche Berufungsgeschichten, etwa an die der ersten Jünger, an die des Saulus zum Paulus.
Und wie ist es bei uns? Die meisten von uns sind wohl in eine christliche Familie hineingeboren worden und so gleichsam von selbst ins christliche Leben hineingewachsen, ohne ein besonderes Bekehrungserlebnis, sondern allmählich, schrittweise.
Kann und soll jede und jeder von uns, wie Bruder Klaus, Beruf und Frau und Kinder verlassen, um ganz und ausschliesslich für Gott zu leben? Oder wie Klara von Assisi aus ihrer wohlhabenden adeligen Familie ausbrechen, um ein Leben der Armut und des Gebets zu führen?
Ich glaube, wir sollten nicht zu schnell sagen: So etwas kommt für mich nicht in Frage, sondern uns ehrlich überlegen, wie wir dem Ruf Jesu an jede und jeden von uns am besten entsprechen können Wenn unsere Antwort auch selten darin bestehen wird, alles zu verlassen, wird sich doch das Eingehen auf diesen Ruf daran zu bewähren haben, welche Prioritäten wir in unserm Leben setzen, wofür wir zutiefst leben, worauf wir unser Leben bauen.

Die alttestamentliche Lesung von heute gibt uns dafür ein wunderschönes Beispiel: Der junge König Salomo darf im Traum an Gott eine Bitte richten - Überlegen Sie einmal kurz, was für einen Wunsch Sie in einer solchen Lage aussprechen würden: eine gutbezahlte und angesehene Stellung, eine Weltreise, ein Ferienhäuschen im Tessin oder in Spanien . oder ..
Salomo äussert keinen derartigen Wunsch, er bittet weder um ein langes Leben, noch um Wohlstand und Ehre für sich selber, noch um den Tod seiner Feinde, sondern um ein *hörendes Herz*, wie es so schön heisst, um die Gabe der Unterscheidung von Gut und Bös, um sein Volk gut regieren zu können. Gott war sehr erfreut darüber, heisst es. Und er gab dem Salomo nicht nur, wie dieser gebeten hatte, ein hörendes Herz, sondern darüber hinaus gewaltigen Wohlstand und grosses Ansehen. Dieser wichtige Vers fehlt leider in der heutigen Lesung; dass nämlich Gott zu Salomo sagte:
Dazu gebe ich dir auch, was du nicht erbeten hast: Reichtum und Ehre, dass deinesgleichen keiner sein soll unter allen Königen dein ganzes Leben lang (3,13). Über Salomo hinaus steckt darin, meine ich, eine tiefe Lebensweisheit: Gerade wenn wir nicht auf unsern eigenen Vorteil bedacht sind, wenn wir nicht mit materiellen Gütern unser Glück bauen und gleichsam erzwingen wollen, dann fällt uns das Glück zu.

Ich habe im Anschluss an das heutige Evangelium von der Hingabe gesprochen, vom bedingungslosen Einsatz für das Reich Gottes - eine harte Sache; nachher am Beispiel von Salomo vom Lebensglück, das uns geschenkt wird. Wie passt das zusammen? Ich denke, viel besser, als es auf den ersten Blick scheinen könnte. Gott verlangt zwar viel von uns, aber nichts Unmenschliches. Gerade die Erfahrung jener, die sich ganz hingeben, die sich einsetzen für das Reich Gottes, für ihre Mitmenschen, ist es doch, wie reich Gott uns beschenkt.

Gott verlangt viel von uns, aber nichts Unmenschliches. Und vor allem will er nicht, dass wir seine Forderungen griesgrämig und mit einem finsteren Gesicht erfüllen.
Und damit sind wir bei einem weiteren wichtigen Punkt der beiden Gleichnisse angelangt: Es findet sich in dem Text nicht einmal eine Andeutung, dass es dem Tagelöhner und dem Kaufmann schwer gefallen wäre, alles dranzugeben für den Erwerb des Ackers bzw. der Perle. Im Gegenteil. Es heisst vom Tagelöhner: Voll Freude ging er hin und verkaufte alles, was er hatte, und kaufte den Acker.
Solche Freude und Begeisterung und gleichsam selbstverständlicher Verzicht und Hingabe sind ein Zeichen, dass wir erfasst haben, worum es im christlichen Leben geht.
Gewiss können wir nicht tagaus tagein, jahraus jahrein die gleiche Freude und Begeisterung bewahren und ausstrahlen. Es gibt auch immer wieder schwere Stunden, wie sie wohl keinem Menschen erspart bleiben. Aber ich meine, wenn wir nur einmal etwas davon begriffen haben, dass Jesus Christus uns die Frohe Botschaft gebracht hat, nämlich dass wir von Gott geliebt sind und Jesus Christus als Freund und Bruder haben und für ihn leben dürfen, dann sollten wir mit dieser tiefen und inneren Freude auch über schwere Stunden hinwegkommen.
Solche Freude wünsche ich Ihnen und uns allen. Amen.

18. Sonntag im Jahreskreis A Jes 55,1-3 Mt 14,13-21

Was hat uns heute der Bericht von der Speisung der 5000 zu sagen?
Er zeigt uns in erster Linie Jesu Sorge für den ganzen Menschen: Leib und Seele, irdisches Wohlergehen und ewiges Heil.

Jesus hat *gepredigt:* vom Kommen des Reiches Gottes, von der Liebe des Vaters, die unser Heil will und wirkt.
Und er hat die Menschen von ihren Krankheiten *geheilt* und ihnen irdische Nahrung gegeben.

Diese Sorge für das Irdische, beginnend mit Speise und Trank, aber hinweisend auf mehr und Grösseres, ist auch deutlich in den Verheissungen des Alten Bundes ausgesprochen - ein schönes Beispiel haben wir in der heutigen Lesung aus dem Propheten Jesaja gehört, die übrigens auch in der Liturgie der Osternacht gelesen wird: die Verheissung von Wasser und Brot gegen Durst und Hunger, von Wein und Milch im Überfluss und ohne Bezahlung, verbunden mit der Verheissung eines unvergänglichen, ewigen Bundes.

Brot steht hier wie oft für Nahrung, ja für alles, was wir zum Leben brauchen. So fragen wir: Welches ist der Stellenwert der materiellen Güter?

Jesus ist nicht achtlos an der irdischen Not der Menschen seiner Zeit vorbeigegangen. Sehr eindrücklich heisst es am Anfang des heutigen Evangeliums: Jesus hatte Mitleid mit den vielen Menschen und heilte die Kranken. Aber anderseits hat er nicht allen Hunger der Menschen seiner Zeit gestillt und nicht jede Krankheit geheilt.
Das ist allerdings kein Grund für uns, den Hunger in der Welt heute einfach zur Kenntnis zu nehmen und dann zur Tagesordnung überzugehen. Wir können auch nicht einfach Gott die Sorge für diese Menschen überlassen. Jesus hat damals den Jüngern gesagt: *Gebt ihr ihnen zu essen!*
Und wie ist es heute? Wir wissen es alle - wir verdrängen es nur immer wieder aus unserem Bewusstsein -, dass der Hunger in der Welt erschreckend ist. Es sind tatsächlich Millionen von Menschen, die buchstäblich zu wenig zu essen haben, die dauernd unterernährt sind. Von den Millenniumszielen der Halbierung des Welthungers sind wir noch weit entfernt.

Gebt ihr ihnen zu essen!

Aber wie macht man das? Die Schwierigkeiten sind fast unüberwindlich: Wie gelangen die Hilfsgüter zu den Hungernden? Und wie kann man Hungerhilfe im engern Sinn verbinden und vereinbaren mit langfristig wirksamer Hilfe? Also nicht nur Weizen, Mais und Milchpulver usw. liefern, sondern in den betroffenen Ländern die landwirtschaftliche Produktion für den Eigenbedarf fördern usw. Auf diese komplexe und schwierige Problematik möchte ich hier nicht weiter eingehen, nur soviel sagen: Als Einzelne können wir die Gesamtproblematik der Ernährung der Weltbevölkerung sicher nicht lösen, aber was wir selber tun können, den oder jenen kleinen Schritt, das sollen wir tun.

Ich möchte zurückkommen auf die Frage, die ich vorher gestellt habe, nämlich nach dem Stellenwert der materiellen Güter. Wichtige und noch heute gültige Aussagen dazu finden sich im Rundschreiben „Populorum progressio", das Papst Paul VI. vor 47 Jahren, im März 1967, veröffentlicht hat. Es heisst dort unter anderem: Die wahre Entwicklung ist für den einzelnen wie für die Völker „der Weg von weniger menschlichen zu menschlicheren Lebensbedingungen. Weniger menschlich: das sind die materiellen Nöte derer, denen das Existenzminimum fehlt .. Menschlicher: das ist der Aufstieg aus dem Elend zum Besitz des Lebensnotwendigen, die Überwindung der sozialen Missstände, die Erweiterung des Wissens, der Erwerb von Bildung... Menschlicher: das ist die Anerkennung letzter Werte von seiten des Menschen und die Anerkennung Gottes, ihrer Quelle und ihres Zieles" (Nr. 20f.). Also Kampf gegen den Hunger, Sicherung des Existenzminimums als Grundlage und Voraussetzung jedes menschlichen Lebens. Aber nicht dabei stehen bleiben: Förderung der geistigen und der religiösen Werte, Anerkennung Gottes und seiner liebenden Zuwendung zu uns Menschen.

Wess' Brot ich ess, dess' Lied ich sing

Sie haben diesen Spruch sicher auch schon gehört. Meist wird er eher negativ, in abschätzigem, Sinn gebraucht: Wenn ich von jemandem abhängig bin, bin ich nicht mehr frei, dann bin ich fast gezwungen, seine Entscheidungen gutzuheissen, ihn öffentlich in Schutz zu nehmen und zu loben usw.

Wess' Brot ich ess ..

Man kann diesen Spruch aber auch positiv verstehen, und so möchte ich ihn auslegen und Ihnen als Schlussgedanken mit auf den Weg geben:

Wir essen in jeder Eucharistiefeier das Brot des Lebens, das Jesus uns gibt, ja, das er selber ist. Das eucharistische Brot gibt uns die Kraft, bringt aber auch die Verpflichtung mit sich, sein Lied, Jesu Lied, zu singen, das heisst, ein Lied des Teilens, der Mitmenschlichkeit, der Liebe. Amen.

19. Sonntag im Jahreskreis A 1 Kön 19,9-13 Mt 14,22-33

Ich habe mich gefragt, was den beiden Schriftlesungen von heute gemeinsam ist. - Bei beiden geht es um einen Weg, einen schwierigen Weg.

Bei Elija ist es ein Weg durch die Wüste, eine Flucht;

bei Petrus und den Jüngern eine Bootsfahrt in Nacht und Sturm.

Beides ist ein Bild für unsern Lebensweg, mit seinen Schwierigkeiten und Prüfungen. Auf diesem Weg ist auch unser Gottesbild Prüfungen ausgesetzt; es kann sich verändern; es kann Schaden leiden oder gar ganz verlorengehen; es kann sich aber auch vertiefen.

Elija

Da die heutige Lesung nur einen relativ kleinen Ausschnitt der Geschichte mit dem Propheten Elija bringt, möchte ich etwas über den Zusammenhang sagen. Vorausgegangen ist der Wettkampf zwischen den Baalspriestern und

Elija, den dieser auf dem Berg Karmel organisiert hat. Elijas Lebensinhalt war der Einsatz für Jahwe, den einen und wahren Gott seines Volkes Israel, und mit diesem Wettkampf wollte er dem Volk Israel eine neue Entscheidung für Jahwe gegen den Gott Baal abringen. Für Jahwe wie für Baal sollten Opfer bereitgestellt werden, und Sieger sollte der Gott sein, dessen Opfer sich von selbst entzündete. Nach dem Sieg Jahwes liess Elija die 450 Baalspriester umbringen. Nach diesem Sieg, der ja ein Stück weit auch der seine war, hatte aber Elija keine ruhige Stunde mehr. (Es ist für uns kaum nachvollziehbar, dass Gott ein solches Gemetzel nicht nur geduldet, sondern sogar angeordnet haben soll, aber für die heutige Lesung und meine Predigt spielt das keine so grosse Rolle.) Isebel, Königin von Israel, die den Baal verehrte und die Baalspriester unterstützte, trachtete Elija nach dem Leben, und so machte er sich auf die Flucht, nach Süden, weit weg, in die Wüste.

Nun in der Wüste kommen zu den äusseren Schwierigkeiten - Hitze, Trockenheit, Durst - noch innere hinzu: Elija ist müde, resigniert, er verzweifelt an seinem Auftrag, er meint, er sei der einzige in Israel, der Jahwe treu geblieben ist, er sei folglich auf verlorenem Posten.

Und da, in dieser Situation – das steht im Mittelpunkt der heutigen Lesung -, begegnet ihm Gott: nicht grossartig, sondern unauffällig, nicht im Sturm, im Erdbeben, im Feuer - wie bei früheren Gottesoffenbarungen und wie es auch Elijas feurigem Temperament entsprochen hätte -, sondern im Säuseln eines sanften Windes.

Zwei Dinge werden ihm dabei von Gott gesagt:

Ich bin mit dir. Du bist verzweifelt, du fühlst dich am Ende. Aber ich bin mit dir.

und:

Ich brauche dich. Gott gibt ihm nämlich neue Aufträge. Sein Leben hat also noch immer einen Sinn.

Darauf geht Elija weiter. Er lebt weiter. Er führt seine Aufträge aus.

Die **Jünger**

Nach der Brotvermehrung hat Jesus die Jünger aufgefordert, ins Boot zu steigen und ans andere Ufer vorauszufahren. So sind sie nun also ohne Jesus im Boot unterwegs. Es ist Nacht. Und plötzlich kommt ein Sturm auf und wirft das Boot hin und her. Da befällt die Jünger grosse Angst. Ihre Gemütsverfassung zeigt sich daran, dass sie Jesus, als er sich ihnen nähert, nicht erkennen, sondern meinen, es handle sich um ein Gespenst; ihre Angst wird nur noch grösser. Jesus aber beruhigt sie mit den Worten: *Habt Vertrauen. Ich bin es. Fürchtet euch nicht.*

Es gibt eine andere Erzählung, wo Jesus auf dem Boot der Jünger schlief und den Sturm stillte, nachdem ihn die ängstlichen Jünger geweckt hatten. Hier ist es anders: Die Jünger waren ohne Jesus im Boot, aber Jesu Kommen beruhigt sie. Sturm und Wind und Nacht bleiben, aber die Angst der Jünger legt sich, weil Jesus mit ihnen ist.

Noch ein Wort zur besonderen Geschichte mit **Petrus:**

Wie bei anderen Gelegenheiten zeigt sich auch hier seine Spontaneität, aber auch sein voreiliges Handeln und seine Selbstüberschätzung.

Er springt ins Wasser und geht Jesus entgegen. Aber nach ein paar Schritten verliert er den Mut und geht unter. Jesus rettet ihn.

Den Schluss der ganzen Szene bildet der staunende Ausruf der Jünger: *Wahrhaftig, du bist Gottes Sohn.*

Unser Lebensweg -

ich habe es zu Beginn schon kurz angesprochen - ist manchmal wie ein Weg durch die Wüste: Es gibt Durststrecken, wir verlieren den Mut, wir stellen den Sinn unseres Lebens in Frage oder sehen überhaupt keinen Sinn mehr darin.

Wie Elija dürfen wir uns von Gott sagen lassen:

Ich bin mit dir. Dein Leben hat einen Sinn. Ich brauche dich.

Unser Lebensweg ist manchmal wie eine Bootsfahrt in Sturm und Nacht: Wir bekommen Angst, verlieren die Richtung, fühlen uns allein gelassen.

Wie die Jünger dürfen wir uns von Jesus sagen lassen:
Habt Vertrauen. Ich bin mit euch.
Ja, wir brauchen uns nicht zu fürchten. Wir dürfen auf ihn unser Vertrauen setzen. Wir dürfen und sollen ihn als unsern Erlöser und Retter erkennen und anerkennen. Amen.

20. Sonntag im Jahreskreis A Jes 56,1-7 Mt 15,21-28

Der heutige Abschnitt aus dem Matthäusevangelium macht es uns nicht leicht: Jesus weist da eine fremde Frau schroff ab mit den Worten: *Ich bin nur zu den verlorenen Schafen des Hauses Israel gesandt,* Und dabei wissen wir doch, dass Jesu Sendung eine Sendung für alle Menschen und alle Zeiten war. Und in der heutigen Lesung aus Jesaja wird von einem künftigen Haus des Gebets für *alle Völker* gesprochen. Im Alten Testament ist oft vom Auserwählten Volk unter Ausschluss der anderen Völker die Rede, aber es gibt durchaus auch einige Stellen wie die heutige Les, wo das Heil für alle Völker angekündigt wird. Und am Schluss des Matthäusevangeliums steht Jesu Sendungsauftrag: *Geht zu allen Völkern, und macht alle Menschen zu meinen Jüngern..*
Am meisten bedrängt uns bei dieser Szene vermutlich nicht die eben angesprochene theologische Problematik nach dem Heil aller Völker, sondern eine Frage, die man als menschliche Frage bezeichnen könnte: Wie ist Jesu Verhalten zu erklären, das hier so ganz verschieden ist von dem, was wir sonst in den Evangelien über ihn erfahren? Sein Verhalten dieser Frau gegenüber erscheint uns lieblos und überheblich. Jesus scheint die gängigen Vorurteile zu übernehmen, Vorurteile der Juden, repräsentiert durch die Jünger, gegenüber allen Nicht-Juden. Tyrus und Sidon – in deren Gebiet sich die Szene abspielt, zwei Städte im heutigen Libanon – waren damals für den gläubigen Israeliten der Inbegriff der Verdorbenheit, zu vergleichen nur mit Sodom und

Gomorra. Vor allem wegen der dort praktizierten Götzenkulte waren diese Orte verschrien und galten als unverbesserlich und dem Unheil verfallen. Die Juden machten am liebsten einen Bogen um diese Städte und ihre Bewohner.

Nun aber kommt diese Frau aus jener Gegend, diese Frau, die man gewiss als die Heldin des heutigen Evangeliums bezeichnen darf:
Sie lässt sich nicht abweisen, weder von den Jüngern, die sie loswerden wollen, noch von Jesu Weigerung, als er sagt: *Ich bin nur zu den verlorenen Schafen des Hauses Israel gesandt,* noch von Jesu beleidigendem Ausspruch: *Es ist nicht recht, das Brot den Kindern* – gemeint sind die Juden – *wegzunehmen und es den Hunden* – den Nicht-Juden - *vorzuwerfen.* Die Frau gibt nicht nach. Und Jesus lässt sich umstimmen von dieser grossartigen Frau; sie entwaffnet ihn gleichsam.
Gewiss ist Jesu Auftrag und seine Sendung zunächst auf das Auserwählte Volk, auf Israel beschränkt. Erst nach seinem Tod und seiner Auferstehung wird der neue Glaube die Grenzen Israels entscheidend sprengen und in der ganzen damals bekannten Welt verkündet werden. Aber einen solchen Glauben, ein solches Vertrauen, wie es ihm diese Frau entgegenbringt, kann und darf Jesus nicht enttäuschen: *Frau, dein Glaube ist gross. Was du willst, soll geschehen.* Und von dieser Stunde an war ihre Tochter geheilt.
Theologisch gesprochen, ist dies ein erster Schritt auf das neue Israel, das neue Volk Gottes zu, das nicht durch leibliche Abstammung, ethnische Kriterien, könnten wir heute sagen, bestimmt wird, sondern durch den Glauben an Jesus Christus.

Zwei Lehren können wir aus diesem Evangelium für uns ziehen:
Die erste mehr im individuellen Bereich: die kanaanäische Frau als Vorbild durch ihre Beharrlichkeit, ihr Vertrauen, ihren Glauben.

Für ihre kranke Tochter sucht sie Hilfe. Und sie lässt sich dabei nicht abweisen, nicht entmutigen. Auch eine Beleidigung bringt sie nicht aus der Fassung. Sie nimmt das Bild Jesu von den Kindern und den Hunden auf und formuliert mit dessen Hilfe schlagfertig ihre Bitte nochmals neu.
Das lehrt uns viel für unser Verhältnis zu Gott, besonders für unser Bitten. Beharrlichkeit und Hartnäckigkeit sind nicht verboten, im Gegenteil. Zahlreiche andere Stellen in der Bibel weisen auf dasselbe hin. Denken Sie etwa an Abraham und seine Fürbitte für die Bewohner von Sodom, wo Abraham richtiggehend mit Gott feilscht. Oder an das Gleichnis Jesu vom bittenden Freund: Wenn ein Freund in der Nacht kommt und für einen unerwarteten Gast um Brot bittet, so wird der andere dessen Bitte erfüllen – schon deswegen, weil sein Freund keine Ruhe geben wird, bis er aufgestanden ist und ihm das Gewünschte gegeben hat.
Beharrlichkeit im Bittgebet!
Die Grenzen des Bittgebets, wenn man so sagen darf, kommen in dieser Erzählung nicht vor. Ich meine, wenn Gott unsere Bitten, auch inständig wiederholte Bitten, nicht erhört oder jedenfalls nicht so, wie wir es uns vorstellen. Dann kommen wir nur weiter, wenn wir akzeptieren, dass unsere Bitten, gerade auch die ganz konkreten, immer begleitet und gleichsam umfasst sein müssen von der Bitte, die Jesus am Ölberg an seine Bitte um Befreiung vom Leiden angeschlossen hat, und die auch im Vaterunser enthalten ist: *Vater, dein Wille geschehe!*

Die zweite Lehre betrifft das Zusammenleben in der Kirche, dem neuen Volk Gottes.
Das heutige Evangelium zeigt uns, dass es keine Menschen zweiter Klasse gibt, wo es um die Gemeinschaft der Kirche geht: Vor Gott zählt nicht die Herkunft, das Vermögen, das Ansehen, sondern der vertrauende Glaube, das Bekenntnis zu Jesus Christus.

Dabei ist hier nicht nur an den Gegensatz Juden/Nicht-Juden zu denken, der damals besonders akut war, sondern auch an soziale Schichten, verschiedene Sprachen, verschiedene Völker usw. Dies fiel den Aussenstehenden an den urchristlichen Gemeinden auf. Nicht nur: Seht wie sie einander lieben, sondern auch, dass die Gemeinden aus ganz verschiedenen Menschen zusammengesetzt waren, während die sonstigen religiösen Gemeinschaften und Gruppen jeweils nur Angehörige einer einzigen Schicht umfassten. Die urchristlichen Gemeinden – bekannt sind die Verhältnisse in Korinth – umfassten Sklaven wie Grosskaufleute, Hafenarbeiter wie römische Beamte.

Das sollte auch heute unsere Kirche und jede Gottesdienstgemeinde und Pfarrei auszeichnen: dass Menschen von ganz verschiedener Art zusammen eine Gemeinschaft bilden: Schweizer und Ausländer, Frauen und Männer, Arme und Reiche, Alteingesessene und Neuzugezogene, Junge und Alte usw., bei aller Verschiedenheit geeint durch den Glauben an Jesus Christus.

Amen.

23. Sonntag im Jahreskreis A Ez 33,7-9 Mt 18,15-20

Verantwortung füreinander ist das Hauptthema der beiden heutigen Schriftlesungen.

In Ezechiel ist von einem besonderen Amt die Rede, dem Wächteramt. Es besteht darin, über die Einhaltung der Gebote zu wachen, die Worte des Herrn auszurichten. Eine schwierige und verantwortungsvolle Aufgabe.

Papst Gregor der Grosse, der am Ende des 6. Jahrhunderts gelebt hat, hat zu dieser Stelle aus Ezechiel geschrieben:

Der von Gott bestellte Wächter muss wohl bedenken, wem er etwas sagt. Denn ein Tadel, der vielleicht von dem einen angenommen wird, prallt an

dem andern ab; ja sogar bei ein und demselben kann das Wort je nach den Umständen verschiedene Wirkung haben.
Er muss auch überlegen, wann er etwas sagt. Manchmal wird eine Mahnung, die aufgeschoben wurde, später gut aufgenommen. In andern Fällen verliert sie ihre Kraft, weil sie früher hätte ausgesprochen werden sollen und die rechte Stunde verfehlt ist.
Auch wie er es sagt, muss bedacht werden; denn ein Wort, das dem einen hilft, verletzt vielleicht den andern.
Es ist auch wichtig, wieviel er sagt. Besonders den Schwachen darf er nur wenig sagen, und nur, was sie zu fassen vermögen, freilich so, dass es sie zu echter Umkehr führt.

Dieses Wächteramt wird uns von Ezechiel als ein besonderes Amt im Volk Israel vorgestellt.
In der neutestamentlichen Gemeinde gilt es nach dem heutigen Evangelium für jeden: Jesus trug es seinen Jüngern auf (nicht nur den Aposteln).
Einen Mitmenschen zurechtweisen, das ist doch nicht schwierig - so denken wir vielleicht etwas voreilig - weshalb steht es im Evangelium als Forderung Jesu an seine Jünger?
Nun, es ist eben gar nicht so leicht, auf rechte Weise einen Mitmenschen zurechtzuweisen. Oft machen wir es lieblos oder gar nicht.
Lieblos: Wir werfen einem andern seine Fehler vor, weil wir gekränkt sind, die Geduld verloren haben, uns ärgern usw. Das hat Jesus nicht gemeint.
Oft unterlassen wir es aber auch, einen andern auf einen Fehler aufmerksam zu machen - Vielleicht aus Angst: Wie wird die andere Person reagieren, wird sie zornig werden, wird sie mir dann meine eigenen Fehler vorhalten?
Mit diesem Blick auf zwei Fehlformen - lieblos zurechtweisen und überhaupt nicht zurechtweisen - dürfte uns bewusst geworden sein, wie schwierig das ist, was Jesus da von uns erwartet.

Oder erinnern Sie sich auch an das, was ich eingangs von Gregor dem Grossen zitiert habe. Er sagt, in Ausübung des Wächteramtes solle man darauf achten, wem man etwas sagt, wann und wie man es sagt und wieviel man sagt.
Richtiges Zurechtweisen hat mehrere Voraussetzungen: Hochschätzung des andern, wechselseitige Liebe, Verantwortungsbewusstsein, Mut, Bereitschaft zu verzeihen, Bereitschaft, auch seine eigenen Fehler einzusehen und einzugestehen.

Und so merken Sie selber, dass es ein Missverständnis dieser Stellen aus Ezechiel und Matthäus und meiner Predigt wäre, wenn nun jemand anfinge, ständig von einem zur andern zu gehen und allen ihre Fehler vorzuhalten. Darum geht es nicht, aber es geht um eine echte Mitverantwortung füreinander, um das Zurechtweisen, wo es nötig ist, in Liebe und aus Liebe heraus.

In diesem Zusammenhang möchte ich noch etwas ansprechen, an das Sie vielleicht beim Hören auf den Ezechiel-Text auch schon gedacht haben, die Probleme von Eltern mit ihren heranwachsenden oder schon erwachsenen Kindern; Probleme, die viele Eltern beschäftigen, manchmal sie auch bedrücken und ihnen das Leben schwer machen.
Die Stelle aus Ezechiel erinnert eindringlich an die Verantwortung für andere, aber zugleich gibt sie auch eine Entlastung: Wenn der Prophet den Schuldigen gewarnt hat, dieser aber nicht auf ihn hört, so wird der Schuldige zur Rechenschaft gezogen, nicht aber der Prophet, der vergeblich gewarnt hat. - Ähnlich ist es doch oft auch bei uns: Die Eltern haben getan, was sie konnten, und sie haben ihre Kinder auf das Unrecht, den gefährlichen Weg aufmerksam gemacht. Mehr verlangt niemand von ihnen, auch Gott nicht.
Es ist schwierig und gefährlich, in einem solch heiklen Bereich Regeln aufzustellen, aber ich möchte die Behauptung wagen:

Es kann in manchen Fällen für die Eltern wichtiger und richtiger und auch christlicher sein, den Kontakt aufrechtzuerhalten, als bei jeder passenden oder eben auch unpassenden Gelegenheit dem Sohn oder der Tochter das vermeintliche oder auch wirkliche Unrecht vorzuhalten.

Gegen Schluss des Evangelium ist noch ein besonderer Aspekt der Verantwortung füreinander ausgesprochen, den wir nie vergessen sollten: das Gebet miteinander und füreinander.
Und ganz am Schluss wird gleichsam die Grundlage von all dem genannt: die Gegenwart des Herrn unter uns:
Wo zwei oder drei in meinem Namen versammelt sind, da bin ich mitten unter ihnen. Amen.

26. Sonntag im Jahreskreis A Ez 18,25-28 Mt 21,28-31

Was im Gleichnis von den beiden Söhnen gesagt ist, kennen viele von Ihnen aus eigener Erfahrung: Da sagt eine Mutter zu ihrer Tochter: Räum dein Zimmer auf! ein Vater zu seinem Sohn: Mach deine Schulaufgaben! oder ähnliche Aufforderungen. Und wie es dann meistens weitergeht, brauche ich nicht im einzelnen zu schildern.
Jesus zielt allerdings mit diesem Gleichnis tiefer, wie besonders der Schluss zeigt:
Es geht um das grundlegende Ja zum Willen des Vaters oder, noch konkreter, um das Ja zu Jesus Christus als dem Gesandten des Vaters, dem Erlöser der Menschen. Es wird in dem Gleichnis etwas von der Tragik in Jesu Leben und Wirken sichtbar, dass nämlich die herrschenden Schichten, die Frommen seines Volkes, ihn mehrheitlich abgelehnt haben. Er hat sie dazu gebracht, im Anschluss an dieses Gleichnis ihr eigenes Urteil zu sprechen, indem sie sa-

gen, der zweite, nicht der erste Sohn habe den Willen des Vaters erfüllt. Sie haben zu Gott Ja gesagt, aber seinen Willen nicht erfüllt, keine Umkehr an den Tag gelegt, von der in der heutigen Lesung aus Ezechiel die Rede ist, die Umkehr, die uns immer möglich ist, die aber auch immer neu von uns gefordert ist. - Anders die Zöllner und Dirnen, die abseits von den geachteten Menschen lebten, leben mussten: Sie bekehren sich und erlangen so das ewige Heil, gehen ins Reich Gottes ein.

Wir, als Christen und Gottesdienstbesucherinnen, sagen oft Ja: bei der Taufgelübdeerneuerung in der Osternachtfeier, bei der Erstkommunion und Firmung, bei der Trauung das sprichwörtliche Jawort, bei der Taufe eines Kindes; in jeder Eucharistiefeier „Ich glaube" und mehrmals „Amen" = Ja, so ist es, zur Bekräftigung.

Aber es wäre natürlich eine vorschnelle und ungerechtfertigte Verallgemeinerung, Sie, die Sie in den Gottesdienst gekommen sind, als blosse Ja-Sager einzustufen und die andern, die jetzt nicht da sind, als Nein-Sager, aber Ja-Tuer.

Die Menschheit wird durch dieses Gleichnis nicht aufgeteilt in solche, die Ja sagen und nicht danach handeln, und solche, die Nein sagen und doch gehorchen. In Wirklichkeit verhalten wir uns bald so, bald so, bald wie der erste, bald wie der zweite Sohn.

Und es gibt ja noch ein anderes Verhalten, gleichsam einen dritten Sohn: Ja sagen und es auch tun. Das grosse Vorbild dafür ist Jesus Christus selber: Er hat Ja gesagt zum Willen des Vaters und hat diesen Willen auch erfüllt, bis zum Tod am Kreuz.

(Der Vollständigkeit halber muss ich auch noch die Möglichkeit eines vierten Sohnes erwähnen: Nein sagen und es auch nicht tun.)

Hauptpunkt des Gleichnisses ist das, was Jesus seine Zuhörer selber sagen lässt: Der zweite Sohn - also der, der Nein gesagt, aber den Auftrag dann doch ausgeführt hat - hat den Willen des Vaters erfüllt.
Anders gesagt, beim Christentum kommt es in erster Linie auf die Taten an, nicht auf die Worte.
Das ist auch am Schluss der Bergpredigt auf sehr eindrückliche Weise ausgesprochen: *Nicht jeder, der zu mir sagt: Herr, Herr! wird in das Himmelreich kommen, sondern nur, wer den Willen meines Vaters im Himmel erfüllt* (Mt 7,21).

An zwei Heilige, die wir in diesen Tagen feiern, möchte ich Sie in diesem Zusammenhang erinnern:
an Bruder Klaus, dessen Fest am 25. Sept. ist. Das Herausragende an ihm scheint mir zu sein, dass er sein ganzes Leben lang sich bemüht hat, den Willen des Vaters zu erkennen und zu erfüllen. Das gilt ebenso für sein Leben als Bauer, Vater und Richter wie für sein Leben als Einsiedler im Ranft. Er hat Ja gesagt und Ja getan, vor allem Ja getan: Er hat nicht viele Worte gemacht, nicht viel gepredigt, aber durch sein Leben, durch sein Handeln ist deutlich geworden, dass für ihn Gott das Wichtigste war im Leben. - An seinem Entschluss, Familie und Hof und angesehene Stellung zu verlassen, lässt sich dasselbe deutlich ablesen. Es war ja kein leichtfertiger Entschluss, der einer vorübergehenden Hochstimmung oder einer bizarren Laune entsprungen wäre. Der Entschluss ist vielmehr langsam gereift; es war für ihn ein Eingehen auf den Willen des himmlischen Vaters, ein schwerer Entschluss, in den er auch seine Frau Dorothee einbezogen hat. Das Weggehen war für beide, für Klaus wie für Dorothee, das Erfüllen des Willens Gottes, ein Nachvollzug von Jesu Gebet am Ölberg: Nicht wie ich will, Vater, sondern wie du willst. Dem entspricht auch das Gebet, das Bruder Klaus immer wieder gebetet hat, das ja nach ihm benannt ist: Herr, nimm mich mir und gib mich ganz zu eigen dir.

Und an Vinzenz von Paul, dessen Fest am 27. Sept. ist. Er lebte im 17. Jahrhundert in Frankreich. Aus einer armen Bauernfamilie stammend, verfolgte er eine klerikale Karriere, die ihm einen bedeutenden gesellschaftlichen Aufstieg verhiess und ihn schon in jungen Jahren zum Hausgeistlichen eines Grafen werden liess. Aber dann erlebte er eine eigentliche Bekehrung und stellte sich fortan ganz in den Dienst an den Armen seiner Zeit. Und so hat er mehr durch sein ganzes Leben gepredigt und gewirkt als durch Worte. Die Vinzenz-Konferenzen, die sich in vielen Pfarreien, auch bei uns in Dreikönigen, sozialen Aufgaben widmen, sind nicht von ihm gegründet worden, sondern sind viel später entstanden, aber sie berufen sich zurecht auf Vinzenz von Paul und sein Wirken.
Nicht auf das Ja-Sagen kommt es an, sondern darauf, dass wir den Willen Gottes tun. Amen.

28. Sonntag im Jahreskreis A Jes 25,6-10 Mt 22,1-14

Das Gleichnis vom Gastmahl bereitet uns gewiss weniger Schwierigkeiten als andere Gleichnisse. Es scheint uns ziemlich klar. Die Geschichte ist in der Tat einfach: Ein König lädt für die Hochzeit seines Sohnes zum Festmahl ein. Und als die Geladenen nicht kommen wollen, obwohl alles bereit ist, lädt er andere ein, um die festliche Tafel zu füllen.
Ebenso einfach ist die grundlegende Anwendung: Gott der Herr selber lädt uns Menschen ein, es geht um seinen Ruf zum Heil, um sein Angebot der Gnade.
Aber auch wenn uns ein Gleichnis klar erscheint, ist es gut, wenn wir nicht zu schnell zur Tagesordnung übergehen, sondern uns mit ihm beschäftigen. Und so wollen wir ganz direkt fragen: Was hat dieses Gleichnis uns heute zu sagen?

Zum ersten ruft es uns in Erinnerung, dass Gott von uns eine Entscheidung fordert: Er lädt uns ein, drängend, unermüdlich und immer neu. Seine Initiative steht am Anfang und ruft uns zur Antwort auf, ob wir die Einladung annehmen oder ablehnen.

Gewiss wurden die meisten von uns in eine christliche Familie hineingeboren, das heisst, am Anfang unseres Christseins steht nicht eine persönliche Entscheidung unsererseits, eine eigentliche Bekehrung. Und doch wurden wir im Lauf unseres Heranwachsens aufgerufen, vielleicht fast unbemerkt, vielleicht in einem einzelnen hervorstechenden Ereignis, Ja dazu zu sagen. Und wir haben dieses Ja immer wieder in unserm Leben bestätigt, wohl auch zeitweise in Frage gestellt und dann doch wieder bekräftigt; sonst wären wir jetzt wohl kaum hier bei diesem Gottesdienst dabei.

So erinnert uns dieses Gleichnis an den Ernst der Einladung Gottes, an den Ernst unserer Entscheidung. Es handelt sich um eine Einladung, die man nicht einfach ungestraft ablehnen kann. Deshalb die ernsten Worte vom Gericht über jene, welche die Einladung erhalten und begriffen, aber nicht angenommen haben - nicht über jene, welche die Einladung gar nicht vernommen haben.

Das ist der erste Punkt, der Ernst unserer Entscheidung für den christlichen Glauben, der Ernst unserer Antwort auf Gottes Anruf.

Der zweite, ebenso wichtig, ja eigentlich noch wichtiger, ist die Freude. Gottes Einladung wird mit der Einladung zu einer Hochzeitsfeier verglichen. Und das war damals wie heute etwas Frohes und Freudiges. Damals feierte man ja eine Hochzeit sogar mehrere Tage lang.

Das ist also der zweite Punkt: Gottes Ruf an uns ist wie die Einladung zu einem Fest.

Beim Lesen des heutigen Evangeliums wird diese Freude doch wieder getrübt durch den Schluss, wo der König einen Mann ohne Festgewand hinaus-

wirft und bestraft. Wie passt denn das zusammen? so fragen wir uns. Weshalb wird einer dafür bestraft, dass er kein Festgewand trägt, wenn doch der König auf den Strassen hat einladen lassen, wen seine Knechte gerade gefunden haben?
Es handelt sich hier um ein zweites Gleichnis, sagen uns die Exegeten, das Gleichnis vom Gast ohne Festgewand. Es wurde vom Evangelisten hier eingefügt, um das Missverständnis zu vermeiden, als sei mit der Taufe, mit dem Eintritt in den Hochzeitssaal, schon alles getan, als könne einem dann nichts mehr passieren.
Das ist auch der Sinn des Schlusssatzes: *Denn viele sind gerufen, aber nur wenige auserwählt:* Man kann im Festsaal sitzen, ohne am Fest teilzuhaben, weil man „ohne Festgewand" dasitzt, das heisst, in seinem ganzen Verhalten gar nicht dabei ist. Man kann Christ sein, ohne wirklich Christ zu sein, ohne wirklich als Christ zu leben. 'Gerufen' ist hier also verstanden im Sinne der Erstberufung, der Taufe, 'auserwählt' im Sinn der Gnade des immer neuen Ja, des Durchhaltens bis ans Ende.
Dieses Gleichnis vom Mann ohne Festgewand mahnt uns also, unsere Berufung, unser Christsein nicht als einen sicheren und unverlierbaren Besitz zu betrachten, sondern als eine Gabe, die wir immer neu zu leben und in die Tat umzusetzen haben.

Aber wie gesagt, trotz der ernsten Mahnung, welche die beiden heutigen Gleichnisse für uns enthalten, ist dieses Evangelium wirklich eine Frohbotschaft: Es geht um ein frohes und freudiges Hochzeitsmahl, zu dem wir geladen sind. Dies wird noch eigens betont durch die 1. Lesung aus dem Propheten Jesaja, die bewusst von der Kirche zum heutigen Evangelium ausgewählt wurde. Darin ist die Rede von einem freudigen Mahl, das Gott allen Völkern bereiten wird, einem Gelage mit erlesenen Weinen und mit den besten und feinsten Speisen. Gott der Herr wird für grosse Freude sorgen, er wird die

Tränen von jedem Gesicht abwischen - ein wunderschönes Bild für das, was uns im ewigen Leben erwartet.

Ja, freuen wir uns, dass wir Christen sind! Freuen wir uns über alles Schöne in diesem Leben! Freuen wir uns aber auch auf die endgültige Gemeinschaft mit Gott, die uns verheissen ist, zu der wir eingeladen sind.
Die schönen und freudigen Augenblicke unseres Lebens - und dazu gehören für uns hoffentlich auch die sonntäglichen Eucharistiefeiern - sind ein Vorgeschmack der ewigen Freude, zu der uns Gott durch Jesus Christus immer neu einlädt. Amen.

Inhaltsverzeichnis

Printed by Books on Demand GmbH, Norderstedt / Germany